suhrkamp taschenbuch 2815

Der dänische Dichter Thorkild Bjørnvig lernte Tania Blixen 1948 kennen und lebte entscheidende Jahre im Bann der berühmten Schriftstellerin. Seine Erinnerungen an diese Zeit vermitteln ein faszinierendes, aber auch erschreckendes Porträt der extrem selbstbewußten, im wörtlichen Sinne bezaubernden, aber auch verzweifelten und einsamen Person, die Tania Blixen gewesen ist – und eines jungen Mannes, der dem Zauber für eine Weile erliegt. Vier Jahre hielt der Pakt der unbedingten Freundschaft zwischen den beiden. Lange nach Tania Blixens Tod entwirft Bjørnvig mit der spannungsreichen Geschichte dieser Freundschaft ein bewegendes Porträt seiner lebenserfahrenen Freundin.

Thorkild Bjørnvig, Lyriker und Übersetzer der Werke von Rainer Maria Rilke, ist am 2. Februar 1918 in Århus geboren.

Thorkild Bjørnvig
Der Pakt

Meine Freundschaft mit Tania Blixen

Aus dem Dänischen von
Gabriele Gerecke

Suhrkamp

Titel der 1974 und revidiert 1985
erschienenen Originalausgabe:
Pagten – Mit venskab med Karen Blixen
Die Vorlagen für die Abbildungen wurden
von der Königlichen Bibliothek Kopenhagen
zur Verfügung gestellt.

suhrkamp taschenbuch 2815
Erste Auflage 1998

Lizenzausgabe mit freundlicher Genehmigung
des Insel Verlags Frankfurt am Main und Leipzig
Suhrkamp Taschenbuch Verlag

Druck: Nomos Verlagsgesellschaft, Baden-Baden
Printed in Germany
Umschlag nach Entwürfen von
Willy Fleckhaus und Rolf Staudt

1 2 3 4 5 6 – 03 02 01 00 99 98

Inhalt

Der Pakt wird geschlossen

Wann ich Tania Blixen das erste Mal traf, weiß ich nicht. »Sieben phantastische Geschichten« und »Wintergeschichten« las ich als Student, über die Verfasserin wußte ich nichts. Wer sie war, beschäftigte mich genausowenig wie die Frage, wer die Märchen von Tausendundeiner Nacht erzählt haben könnte – oder Grimms Märchen. Ja, im Grunde dachte ich gar nicht, daß sie noch lebte, war ziemlich überrascht, daß Ole Wivel sie vorschlug, als wir begannen, uns nach Mitarbeitern für »Heretica« umzusehen. Er kannte sie noch dazu persönlich. Es kam mir märchenhaft vor, daß sie noch lebte und vielleicht an der Zeitschrift mitarbeiten würde – was Ole Wivel nicht für unwahrscheinlich hielt. Im Juni 1947, als ich auf Urlaub vom Militär war, hätten Bjørn Poulsen, Knud W. Jensen und ich sie besuchen sollen, um unsere Pläne vorzulegen, aber gerade da war sie verreist, wir mußten das Gespräch verschieben und unternahmen unsere Kaperfahrt zu Vilhelm Grønbech, Martin A. Hansen, Paul la Cour und Erik Knudsen. Schließlich im Winter 48, nach meinem Erstling »Der Stern hinter dem Giebel«, traf ich Tania Blixen zum ersten Mal – oder richtiger, ich erinnere mich, sie getroffen zu haben, erinnere mich deutlich an Anlaß und Verlauf des Abends.

Als ich noch in Risskov bei Aarhus wohnte, wurde ich während einer meiner kurzen Aufenthalte in Vedbæk völlig unerwartet zu einer kleinen Abendgesellschaft in die Winterwohnung nach Rungstedlund eingeladen. Anlaß hierfür war, wie Tania Blixen in der Einladung mitteilte, daß Komteß Caritas Bernstorff von meiner Gedichtsammlung so unglaublich angetan war, daß sie deren Verfasser gern kennenlernen wollte. Ich bekam die Einladung einen Tag vor der Gesellschaft und erinnere mich, daß mir ganz schwindlig wurde: ich sollte meine erste Leserin kennenlernen, diese wollte noch dazu mich kennenlernen, hatte diesen Wunsch ausgesprochen und war zu allem Überfluß auch noch Komteß und die Nichte der Baronesse. Hier stockte der Gedanke, gefror ergriffen. Es war, also ob die Tür zur großen Welt aufgestoßen würde, ich bald auf der Schwelle zu Ruhm und Abenteuer stehen sollte. Ein lionizing. Ich wohnte bei Bjørn Poulsen, der bereits nach Vedbæk gezogen war und dort begann, »Heretica« zu redigieren. In der Nacht schlief ich kaum, stieg ein paar Mal in meine Gummistiefel und stakste im Schlafanzug durch Gebüsch und Winterkälte unter den großen Bäumen einher, um meine ungestüme Erwartung abzukühlen.

Der nächste Abend kam. Ich radelte hinunter nach Rungstedlund, wurde hereingeführt und Tania Blixen, Thomas Dinesen, Komteß Bernstorff und ihrer Familie vorgestellt, die Damen in langen Kleidern wie zu großer Gesellschaft. Das wirkte ungewöhnlich in der relativ kleinen Winterwohnung, als wäre plötzlich ein Festsaal zu einem verzauberten Kästchen zusammengeschoben worden. Nach Sherry und Salzmandeln nahmen wir am Tisch Platz. Meine Traumkomteß war meine Tischdame, prächtig anzusehen und liebenswürdig. Sowohl die Situation wie der Sherry nach der kalten Fahrt waren mir bereits ein wenig zu Kopf gestiegen, als sie, nachdem wir uns gesetzt hatten und Tania Blixen einen Moment aus dem Zimmer gegangen war, sich plötzlich vertraulich vorbeugte und schnell und trocken sagte: »Sie müssen schon entschuldigen, ich habe es leider noch nicht geschafft, Ihre Gedichtsammlung zu lesen. Es tut mir sehr leid, Tanne hat sie mir geliehen und gesagt, daß ich sie auf jeden Fall bis heute abend lesen soll. Sagen Sie bitte nichts davon.« Meine erste Leserin! Aber ich versprach es – sowieso fiel es mir gar nicht schwer, es bleiben zu lassen. Da saß ich also, und mir war mehr als komisch zumute, leicht taumelig, als ob ich statt eines würdigen Entrees über die Ruhmesschwelle gestolpert wäre und nun zusehen müßte, so unauffällig wie möglich wieder auf die Beine zu kommen. Was um so leichter ging, als die Komteß glücklich ahnungslos hinsichtlich meiner Erwartungen war – auf einmal empfand ich die Situation als vollkommen befreiend und brach in herzliches Lachen aus. Wonach wir aßen und tranken und uns über lauter andere Dinge vortrefflich unterhielten. Als wir uns verabschiedeten, lud mich Tania Blixen ein, bald wiederzukommen. Im Spätfrühling zog ich mit meiner Familie in ein finnisches Holzhaus schräg gegenüber von Bjørn Poulsens Haus ein paar Kilometer von Vedbæk entfernt, im Landesinnern. Die nachbarschaftliche Nähe erleichterte und intensivierte die redaktionelle Arbeit. Hier ins »Bärenhaus«, wie es genannt wurde, kam nun Tania Blixen oft nachmittags mit dem Rad oder zu Fuß, trank mit meiner Frau und mir Tee und spielte manchmal mit unserem knapp zweijährigen Jungen, der unter dem starken Eindruck ihrer Anwesenheit ab und zu merkwürdige Tänze aufführte, so daß sie eines Tages ausrief: »Sehen Sie nicht, er sieht aus wie Ophelia im Wahnsinnstanz!« Wir unterhielten uns über alles mögliche, und sie wiederholte die Einladung. So kam auch ich recht häufig und besuchte sie, und schließlich und endlich sagte sie, die Türen stünden immer offen für mich – ich könnte ganz buchstäblich einfach hereinkommen. Später während unserer Bekanntschaft weitete sie dies dahingehend aus, daß ich sie jederzeit stören dürfe, auch nachts Steinchen an ihre Fenster werfen, wenn es irgendwo brenne und ich meine, mit ihr sprechen zu müssen. Von dieser generösen Erlaubnis wagte ich allerdings nicht, Gebrauch zu machen, fand auch dazu keine Veranlassung.

Wenn ich kam – in meiner Erinnerung immer in die Winterwohnung, und schon deshalb glaube ich, sie wohnte jenes ganze Jahr hindurch dort –, saß sie oft mit angezogenen Beinen auf einer Polsterbank seitlich direkt vor dem Fenster und hörte Schallplatten. Leise und ohne ein Wort setzte ich mich dann und hörte der Musik zu, ohne zu wissen, ob sie mich überhaupt bemerkt hatte, sah ab und zu auf ihr großes, trauervolles Profil gegen das Frühjahrslicht oder die Winterdämmerung. Vielleicht ignorierte sie meine Anwesenheit einfach, bis die Musik vorbei war, aber es kam vor, daß sie erstaunt ausrief, sie habe mich überhaupt nicht kommen gehört.

Bei einem meiner ersten Besuche zeigte sie mir ihre

Kritikensammlung mit Frederik Schybergs Rezension der »Sieben phantastischen Geschichten«, kommentierte sie zutiefst empört und mit schwarzer Klage in der Stimme. Später wurde mir klar, daß ich nicht der erste war, dem sie sie gezeigt hatte, und daß sie diese so ziemlich als den Ausdruck für die Haltung der Nation zu ihrem Buch und ihrer Person empfand – mit einer Untröstlichkeit, die weder durch Schmeichelei noch durch Sachlichkeit zu besänftigen war. Aber damals wußte ich das nicht und wunderte mich, daß die gewandte Dame von Welt, die weise Dichterin, unumschränkt und maßlos berühmt, sich diese eine Rezension so zu Herzen nahm. Inzwischen weiß ich, daß diese wunderliche Vergiftung fast ausnahmslos selbst die größten Künstler beschleicht. Ich las sie, wollte mich aber nicht sofort äußern. Statt dessen lieh ich sie mir für zu Hause aus und versprach, meine Meinung brieflich mitzuteilen. Das tat ich kurz darauf, und da dieser Brief über den Anlaß hinaus einiges über mein Verständnis ihrer Dichtung sagt, bevor ich ihr begegnete, und etwas über den Ausgangspunkt unserer Beziehung zu dieser Zeit, möchte ich den Hauptabschnitt zitieren. Der Brief ist vom 9. März 48:

Ich habe nun Ihre Kritikensammlung und Schybergs phantastische Rezension gelesen, eine puritanische Seele in Aufruhr, die Stimme bebt förmlich vor übertrieben gutem Gewissen, vor tiefer Verärgerung, vor dem Gefühl, gegen den Strom zu schwimmen. Aber lassen wir sie, wie sie ist, denn sie ist vielleicht konsequent bei seiner speziellen Sinneshaltung – von einem wahrhaftigen Kritiker kann man nicht verlangen, er solle das reinste Chamäleon sein, er solle bedingungslose Allseitigkeit mit Überzeugung vereinigen. Umstandslos ärgerlich und unangenehm aber ist, daß er – wie ich gewiß gleich sagte – seinen Ausgangspunkt außerhalb des Buches sucht, nicht innerhalb, und damit zu einer fast blasphemischen Verzeichnung gelangt, jener gewaltsamen, seltsamen Verärgerung, die einem geradezu in den Ohren gellt. Der Ausgangspunkt scheinen Sie, Baronesse, selbst zu sein, und die amerikanische Kritik, deren panegyrische Formulierungen wie ein Schleier zwischen ihm und dem Buch gewirkt haben. Ehrlich gesagt, hätte mich – mit dieser Kritik als Voraussetzung – sicherlich von vornherein ein gründliches Mißtrauen gegenüber den »Sieben phantastischen Geschichten« erfüllt. Es ist äußerst selten, um nicht zu sagen unerhört, daß ein Buch von wirklichem Rang und Wert heutzutage einen solchen Publikumserfolg erzielt wie die »Sieben phantastischen«. Wenn es dennoch geschah, verdanken sie es bestimmten irrelevanten Eigenschaften, die nach Schybergs Auffassung berechnet scheinen, es in diesem Falle aber nicht sind. Nicht mit seiner Tiefe erreicht Goethes Werther den Erfolg – und ebensowenig glaube ich, daß die »Sieben phantastischen« den ungeheuren Erfolg ihrem weisen Kern verdanken. Fast möchte ich meinen, Schyberg hat recht, wenn er die Dinge benennt, denen das Buch seiner Meinung nach den großen Erfolg verdankt: der Zauber der Namen, die Romantik, das aristokratische Milieu, die Mystik usw. Aber Schyberg hat überhaupt nichts anderes gesehen, ihm fehlt vollkommen das Organ für das Zentrale, Strahlende, alles Durchglühende im Buch – den Kern der Weisheit in Erzählungen wie »Die Träumer« oder »Die Sintflut von Norderney«. Im Grunde scheint es mir auch das zu sein, woran es der englisch-amerikanischen Kritik mangelt: sie und Schyberg machen sich am Äußeren des Werkes fest, die eine lobpreisend, der andere mit heiliger Entrüstung. Glücklicherweise erlebte ich das Buch mit derselben Unschuld, Klarheit und Stärke, mit der ich Shelley, Poe, Baudelaire erlebte, ohne mich durch die persönliche Bekanntschaft mit Ihnen beeinflussen oder durch feindlich gesinnte beziehungsweise panegyrische Kritiker irritieren zu lassen. Und sollte ich tatsächlich ein Buch über Ihre Werke schreiben, werde ich auf diesen starken ersten Eindruck als die einzige ungetrübte Inspirationsquelle zurückgreifen.

Damals hatte Tania Blixen den Wunsch, ich solle ein Buch über ihr Werk schreiben, was ich auch erwog, und am liebsten wollte sie, daß es vor Hans Brix' Buch über ihre Märchen herauskomme – von dem erwartete sie nämlich das Allerschlimmste, nachdem sie sein Buch über Nis Petersen gelesen hatte, das sie unstatthaft jovial-zudringlich fand; allein bei der Formulierung »der gute alte Nis« konnte sie sich stundenlang aufhalten, ebenso bei der Beschäftigung des eifrigen Forschers mit den schmutzigen Unterhosen oder löchrigen Socken des Dichters, mit seinen lustigen Lügengeschichten oder seinem literarischen Diebstahl. Als ich sagte, daß ich unter keinen Umständen zuerst mit dem Buch herauskommen könnte, daß ich Zeit dafür brauchte, schlug sie mir vor, einen Artikel über ihr Werk mit einer speziellen Polemik gegen Schybergs Ansichten zu schreiben, aber ich antwortete, daß so etwas reichlich verspätet erscheinen müßte, unmotiviert und unbegründet. So blieb es bei dem Buch – eine Zeitlang –, und in dem Zusammenhang fragte sie mich auch, ob ich ihr literarischer Nachlaßverwalter sein wollte. Da aber gegenseitige Vertrautheit und geistiger Austausch weit über das Literarische hinaus mit jeder Begegnung spürbar wuchsen, sagte sie eines Nachmittags, als wir im Park spazierengingen, nach einem besonders guten Gespräch, einem unerwarteten, großen Einklang der Erkenntnis – daß ich dieses Buch über ihre Dichtung lieber nicht schreiben solle: »Nicht das ist der Sinn«, sagte sie, »nein, daß wir uns getroffen haben, hat einen ganz anderen Sinn, das erkenne ich jetzt, und eines Tages werde ich Ihnen davon erzählen.«

Von »Heretica«-Anliegen und zeitgenössischen Autoren bewegten sich die Gespräche meistens hin zu größeren, allgemeineren Themen wie Eros und Christentum, Tier und Kosmos, Krieg und Vivisektion, und die oft unerwartete, spontane Übereinstimmung stoppte das Gespräch nicht, wie es sonst oft vorkommt, sondern führte es nur um so schneller an allem Unwesentlichen vorbei wie mit einer gewaltigen Unaufhaltsamkeit hinein in eine Art glücklich produktive Dimension. Vor allem wurde sie nicht müde, mir die Notwendigkeit des Muts zu wiederholen und einzuimpfen, der ihrer Meinung nach in unserer Zeit geringgeschätzt wurde. »Alle sind deshalb so unglücklich, weil von Mut nichts gehalten wird. Die Menschen der heutigen Zeit werden zu allem möglichen erzogen, nur nicht dazu, mutig zu sein. Das ist nicht richtig und nicht edel. Und darum kann niemand mehr richtig glücklich werden, denn dann müßte man ja auch riskieren, wirklich unglücklich zu werden. Und das ist eben auch niemand. Nein, man braucht Mut dazu, glücklich zu sein. Das müssen sie mir versprechen: niemals ängstlich zu sein, denn dann können Sie nicht glücklich werden. Wovor soll man auch Angst haben?« schloß sie mit provozierendem Nachdruck.

Mir war, als ob sie an den Grund meines Wesens rührte und haufenweise Meinungen und Ansichten, von denen ich gar nicht ahnte, daß ich sie überhaupt hatte, eine Schicht von Vorurteilen zur Seite fegte. Mit ihr zu ziehen, mit ihr zu sprechen, war ein aufschließendes, grenzensprengendes Erlebnis. Ich war zuweilen, wenn ich von ihr kam, sei es im scharfen Licht eines frühen Frühlingsabends, sei es im Regendunkel am Meer entlang, berauscht von einer mächtigeren Erwartung an das Leben, als ich sie je gekannt hatte. Es war, als begegnete man einem Menschen der Art, von der ich nur in Mythen und Legenden gehört hatte, und insofern war ja ganz richtig, daß ich anfangs unwillkürlich geglaubt hatte, sie lebe nicht mehr. Jetzt erlebte ich wahrlich etwas anderes. Sie ihrerseits setzte ein Vertrauen, einen Glauben in mich, den ich eigentlich nicht begriff, aber vorbehaltlos erwiderte. Meiner Dankbarkeit und Ergriffenheit gab ich schließlich am 20. 1. 1950 in einem Brief an sie Ausdruck, einen Tag nachdem ich mit meiner Frau bei einem Vortrag gewesen war, den sie in Kopenhagen hielt.

Tania Blixen hat so oft über ihre Einsamkeit gesprochen, über den Verlust ihres Dieners Farah, darüber, daß sie um sich herum Gleichgesinnte vermißte. Nun glaubte ich, der Augenblick sei gekommen, einfach anzubieten, ihr zu dienen. Ich schrieb:

Liebe Baronesse Blixen:

– – –

Die Sterne waren so groß und der Erde so nah und funkelten in der Kälte, als ob Sie sie mit Ihrem Blick und Wort näher herangezogen hätten. Ich ging und dachte an Sie. An den Abend: an viele Abende, an denen ich Ihnen nun zugehört und mit Ihnen gesprochen habe. Gestern abend: es war wie ein langer, wundervoller Monolog in einem Symposion, ein Monolog über die Geheimnisse und Unverhofftheiten des Lebens, zum Lachen und zum Weinen – ein Monolog über Eros. Wer sonst könnte ein Symposion erschaffen, heute, wo ein Symposion im Grunde unmöglich ist – zu einer Versammlung sprechen, als bestünde sie aus lauter ebenbürtigen und schönen Menschen.

– – –

Erzählte ich anderen geschätzten Kollegen davon, wer würde es denn glauben, etwas anderes glauben, als daß ich verblendet sei – sie würden an den Vorurteilen festhalten. Ich sehe ausgezeichnet, hier gibt es keine beschlagenen Fenster, die die Aussicht trüben. Ich sehe gut, aber wer Sie nicht gesehen hat, kann sich nicht vorstellen, wie Sie wirklich sind, wie genial, wie herrlich, wie schön. Man ist allzusehr daran gewöhnt, daß der Dichter beziehungsweise die Dichterin ein enttäuschend graues Anhängsel an sein Werk ist. Hier endlich ein Mensch, bei dem die Dinge in der umgekehrten, der richtigen Reihenfolge kommen, bei dem das Werk ein glänzendes Anhängsel der Person ist, Zepter und Apfel und Stab. Endlich ist mir etwas begegnet, das einen Sinn hat. Immer habe ich nach jemandem gesucht, dem ich dienen kann, aber niemanden gefunden. Ich habe davon geträumt, zu gebieten oder zu dienen, eigne mich aber für keins von beidem so richtig. Lassen Sie mich Ihnen dienen in der Zeit, die verbleibt. Es wird wohl das erste und das letzte Mal in meinem Leben sein, daß mir so etwas widerfährt. Später werde ich von Ihnen erzählen. Wie Sie von Ihrem ersten Diener erzählen, soll der letzte dereinst von Ihnen erzählen. Er weiß, daß er, ungeschickt, in allem nicht genügt – außer in einem: seiner glühenden Hingabe.

Ihr ergebener Thorkild Bjørnvig

Am nächsten Tag schrieb Tania Blixen:

Lieber Thorkild Bjørnvig

Sie bereiteten mir mit Ihrem Brief eine große Freude. Es ist sehr gut zu wissen, daß es einen Menschen gibt, auf den ich mich verlassen kann, wie ich mich auf Farah verließ. Darum will ich nun meinen Mantel über Sie breiten, wie Elias es bei Elisa tat, als Zeichen dafür, daß ich dereinst drei Viertel meines Geistes bei Ihnen zurücklassen werde.

Ihre Tania Blixen

Dies nannte sie von da an unseren Pakt, betrachtete ihn damit als geschlossen. Das war der Sinn unserer Begegnung, nicht, daß ich jetzt ein Buch über sie schreiben solle, erklärte sie mir die nächsten Male, die wir uns sahen: was es hieß, was es bedeutete, daß zwei Menschen einander vollkommen vertrauten, einander in einer Gegenseitigkeit vertrauten, an der durch nichts gerührt und gerüttelt werden konnte – die mystische Dimensionen besaß. Das also nannte sie den Pakt, und es ist eines dieser Gespräche, auf welches sie sich in einem Brief an mich nach Paris bezieht, den ich später zitieren werde – er ist eine unmittelbare Fortsetzung jener Gespräche. Eines Tages, ich begleitete sie nach Hause, hatte sie nämlich ohne weitere Kommentare als Fazit unseres Gesprächs über ein Stück von Heiberg gesprochen und die nach ihrer Meinung zentrale Replik zitiert, die Replik des jungen Mädchens an den Helden, der in eine schreckliche Lage geraten ist:

> Nun, wenn du den Glauben an Gott verloren,
> so glaube an mich, ich will dich beschützen.

So wie ich es verstand und wie sie später auch schrieb, war es mehr als ein Zitat, ich faßte es so auf, als könnte dieser Glaube beidseitig sein, unermeßlich wechselseitig, wobei der Schwerpunkt sich wohl verlagern, der Bestand jener Wechselseitigkeit aber nicht ins Wanken geraten konnte.

Ein andermal, ein paar Monate später, als Tania Blixen uns zu Hause besuchte, geschah es, daß sie in einem Anfall plötzlicher begeisterter Zärtlichkeit, die ihr sonst nicht eigen war, meinen Sohn umarmte und küßte. Am Tag danach wurde ich nach Rungstedlund bestellt, wo sie mich ruhig und feierlich im Kaminzimmer empfing und augenblicklich begann, mir zu erklären, daß mein Sohn dadurch, daß sie ihn geküßt habe, keinen Schaden nehmen oder sich infizieren würde. Ich muß vollkommen verwirrt und überrascht ausgesehen haben, denn sie erzählte mir daraufhin, einerseits, als ob sie voraussetzte, daß ich Bescheid wüßte, andererseits, als wäre es das bittere Geheimnis ihres Lebens, von der Krankheit, mit der damals in Afrika ihr Mann sie infiziert hatte, jener Krankheit, mit der sie ihre Lady Flora in »Die dritte Erzählung des Kardinals« sich infizieren läßt und die wahrscheinlich auch Nietzsches Krankheit war, nämlich Syphilis. Sie erzählte, wie dies sie vom Leben abschnitt, nicht nur dem erotischen, sondern wie es auch jede körperliche Berührung mit einem Tabu belegte: »Aber jetzt ist sie nicht mehr ansteckend, jetzt ist sie unschädlich für andere – außer für mich«, fügte sie bitter hinzu. Kurz bevor wir uns trennten, kam das Gespräch auf Nietzsche, dessen Zarathustrabücher sie seit ihrer Jugend liebte, und abschließend sagte sie mit Hinblick auf seine Krankheit und eine ihrer charakteristischen Folgeerscheinungen: »Da Sie nun aber Nietzsche so gut kennen, so müßten Sie mir auch sagen können, ob Sie bei mir Anzeichen von Größenwahn wie dem seinen gefunden haben oder finden. Und tun Sie es, so müssen Sie mich augenblicklich warnen, das sind Sie mir wirklich schuldig, das steht in unserem Pakt: Sie müssen meine Ehre verteidigen.«

In Paris

Obwohl ich in den zwei Jahren meiner Redaktionszeit bei »Heretica« einige Gedichte und Essays moderner europäischer Autoren übersetzte und ein Buch über das Werk von Martin A. Hansen schrieb – das einzige, worüber Tania Blixen und ich uns niemals ernstlich einigen konnten –, schien es mir doch, als käme ich nicht zum Eigentlichen, was für mich hieß: Gedichte schreiben. Darauf vor allem brannte ich. Schließlich war ich auch der Redaktionssitzungen überdrüssig geworden, der Auseinandersetzungen und Versöhnungsversuche unter den Mitarbeitern, die sich zeitweilig verunglimpft fühlten, nicht bloß durch das, was andere, sondern dadurch, daß sie überhaupt in der Zeitschrift schrieben. Jeder einzelne hatte seine Form von Unzufriedenheit mit der Zeitschrift, auch Tania Blixen, sehr sogar. In einem Brief vom 6. 10. 49 schrieb sie zum Beispiel:

Ich habe zuweilen Angst, daß die Heretiker dabei sind, sich zu so etwas zu entwickeln wie in der englischen Malerei die Präraffaeliten. Tüchtige Leute, aber zum Fürchten. Sie können den Betrachter dazu bringen, Malerei abzulehnen, ihr überhaupt abzuschwören.

Schließlich brachte das Durcharbeiten und Beantworten von Beiträgen, die übrigens der Redaktion nur so zuströmten – bisweilen gefolgt von sonderbarsten Injurien, falls man ablehnen und verwerfen mußte – einen fast dazu, in Ekel und Inflationsgefühl die wahre Dichtung zu vergessen, oder jedenfalls dahin, die eigenen Versuche, die Literatur zu mehren, überflüssig zu finden. Unter diesen Umständen meinte Tania Blixen, ich müsse dringend fort, und schlug meiner Frau und mir vor, noch im selben Frühjahr nach Paris zu gehen, denn sie hielt das Erlebnis des Pariser Frühlings für einen unentbehrlichen Bestandteil meiner europäischen Erziehung. Eigentümlich genug und ohne Zusammenhang damit hatte Paul la Cour, der gerade, müde des heimlichen Zwiespalts, insbesondere zwischen Heretica und den Kommunisten, mit seiner ganzen Familie nach Frankreich aufgebrochen war, genau dasselbe vorgeschlagen. Nach Paris sollte ich mich dann mit ihm in einem kleinen Fischerdorf am Mittelmeer treffen. Ich beantragte also ein Reisestipendium bei der Universität, bekam es und rechnete mit einem Aufenthalt in Frankreich von etwa einem Jahr. Nachdem ich meine Redaktionstätigkeit aufgekündigt hatte, fuhr ich im April 1950 mit meiner Frau nach Paris. Hier wohnten wir die ersten drei Monate in der Cité Universitaire.

Zunächst einmal war es ein kalter Frühling, und in der zugleich halb verfallenen und strahlenden Stadt voller Fremdartigkeit stieß ich sogleich auf die traditionelle Unversöhnlichkeit der Franzosen gegenüber jedem Ausländer, der nicht so gut wie perfekt Französisch spricht. Was immer beim Gebrauch der Augen und freundlicher Führer herauskommen mochte – zweifellos ist die Sprache eines der wichtigsten Einfallstore in ein fremdes Land und die Voraussetzung für ein lebendiges Verständnis. Folglich war ich ziemlich auf dieses Problem fixiert, war gelegentlich auch ärgerlich darüber und mußte im übrigen wie jeder andere, jenseits von Empfehlungen und Erwartung, mir meine persönliche Faszination von der Stadt erobern. Tania Blixen fand mich indes zu zögerlich, meine Fortschritte zu gering, und als ich mich über Sprachschwierigkeiten beklagte – Sprache ist mir nie leichtgefallen –, bekam ich Ende April einen längeren Brief mit Ermahnungen, in dem sie unter anderem schreibt, daß sie »vielleicht zuviel Respekt vor dem Magistergrad gehabt hatte, ich hatte nicht geglaubt, es könnte Ihnen so schwerfallen, Französisch zu sprechen und zu verstehen. Sonst würde ich Sie rechtzeitig beschworen haben, sich auf die Schulbank zu setzen anstatt herumzureisen, Katheder zu besteigen und Verse zu verlesen. Jetzt tut mir leid, daß ich es nicht getan habe.« Dann rät sie mir, mich nicht damit abzufinden, mich auf eigene Faust vorzuarbeiten, und schreibt weiter: »Wären Sie nun nicht mit Grete verheiratet, so würde ich Ihnen den guten Rat geben, den Vater in einem seiner Jagdbriefe gibt: Il faut coucher avec son dictionnaire.« Dies verstand ich zuerst wie: das französische Lexikon unters Kissen legen, wie ich als Junge gehört hatte, daß man kurz vor der Prüfung sich das schwierigste Buch unter das Kopfkissen legen sollte, zu irgendeiner mystischen Gedächtnisstärkung im Schlaf, obwohl ich nicht recht einsehen konnte, wieso das meine Frau stören sollte. Im übrigen war ich mit der Sprache in Gang gekommen und nahm es nicht gar so ernst. Weitere Ratschläge folgten, und der Brief endet:

Mögen Sie nun spüren, daß hinter Mentors vielleicht etwas pedantischen Ermahnungen es eigentlich Athene ist, die spricht. Sie, die für Sie gesprochen hat vor der Versammlung der Götter:

Aber ich will gen Ithaka gehn, den Sohn des
  Verfolgten
Mehr zu entflammen und Mut in des Jünglings Seele
  zu gießen,
– –
                                        Fürder geziemen
Kinderwerke dir nicht, du bist dem Getändel
  entwachsen.
Auch du, Lieber – denn groß und stattlich bist du
  von Ansehn –,
Halte dich wohl, daß einst die spätesten Enkel
  dich loben!

Natürlich freute ich mich über diesen Brief, fühlte mich geehrt, aber auch ziemlich beschämt. Nach einiger Bedenkzeit schrieb ich Anfang Mai unter anderem an sie: »Ich verstehe, daß Sie sich recht gründlich über mich geärgert haben, und es ist ja auch nicht das erste Mal. Diese ersten Briefe sind gewissermaßen eine Mischung aus Dementia Juvenilis und Hybris, aber jetzt glaube ich, meine Pariser Pubertät ist vorüber und ich bin reif für diese Stadt.« Das galt auch für die Sprache, mit der es nun schnell voranging, selbst wenn ich über meine mangelnde Sprachbegabung wahrlich gewütet hatte: »Denn wie ich der Baronesse gegenüber gewiß erwähnt habe, habe ich ja keine natürliche Begabung für irgend etwas auf dieser Welt, meine geistige Schwerfälligkeit ist nahezu extravagant, und es ist die Frage, ob Frau Carlsen nicht recht hat, wenn sie in plötzlicher Hellsichtigkeit unterstellte, daß Th. B. bestimmt nicht so begabt sei, wie die Baronesse glaube. Wie dem auch sei: weit entfernt davon, daß ich unrechtmäßig mein eines kleines Talent vernachlässigt hätte, habe ich im Gegenteil heftig und fleißig damit gewuchert, und mir scheint, ich mache gute Fortschritte beim Französischlesen und -sprechen.«

Tania Blixen fand wohl trotzdem, daß ich mich zu sehr wie ein Kleinkind aufführte und ihre Ermahnungen nicht genügend ernst nahm. Und sie glaubte allen Ernstes, daß sie die Ursache für die Gehirnerschütterung gewesen sei, die ich mir kurz darauf zuzog, weil sie in dem plötzlichen Gefühl, die Geduld mit mir zu verlieren, eines Nachmittags auf den Tisch gehauen und gerufen hatte: Möge dieser Schlag den Magister auf den Kopf treffen! – welches zu dem Tag und zu der Stunde geschah, als ich mit der Schläfe gegen eine scharfe Kante schlug. Dies konnte ein sublimer Schmerz gewesen sein, aber so faßte sie es nicht auf, nein, es war eine kleine Verfluchung, die eigentlich den Charakter einer Zurechtweisung hatte haben sollen. Als sie dann die anhaltenden Folgen sah, die ihre Verfluchung leider hatte, bereute sie zutiefst, daß sie offenbar zu hart zugeschlagen hatte. So war es nicht gemeint. Da ich zunächst selbst nicht darauf achtete, nicht glauben konnte, daß so etwas Idiotisches wie eine Gehirnerschütterung mir dort, am 17. Mai, in Paris zustoßen konnte, nun, da der Frühling endlich klar und mild gekommen war und die Stadt sich mir in ihrem prophezeiten beunruhigenden und ergreifenden Zauber endlich zu erschließen begann, vernachlässigte ich sie entgegen allen Warnungen gründlich – bis ich ins Krankenhaus eingeliefert werden mußte.

Als Tania Blixen davon hörte, schrieb sie meiner Frau einen schönen Kondolenzbrief, ansonsten aber vergingen drei Wochen, bevor ich von ihr hörte. Dafür bekam ich dann auch was zu hören. Sie mußte inzwischen viel gewälzt und angesammelt haben, denn ich bekam einen längeren geharnischten Brief, in Liebe und Zorn geschrieben, voll pädagogischen Tiefgangs. Und da er in vieler Hinsicht, wie schon erwähnt, eine Fortsetzung der Gespräche nach Abschluß des Paktes war, möchte ich einen Großteil daraus zitieren. Er ist vom 6. 6. 1950:

Daß ich Ihnen nicht geschrieben habe, bedeutet nicht, daß ich nicht an Sie gedacht habe, meine Gedanken sind oft in Paris gewesen. Sie werden auch gemerkt haben, wie leid es mir tat, von Ihrer Gehirnerschütterung zu hören, falls Grete meinen Brief erhalten hat. Ich hoffe, daß Sie sie nun gänzlich überstanden haben. Jetzt werde ich ein paar von den Dingen schreiben, an die ich im Zusammenhang mit Ihnen gedacht habe. Sie kommen in zufälliger Reihenfolge, aber daran sollen Sie sich nicht stören, es wird genauso, wie wenn wir zusammensäßen und sprächen. Nur traurig, daß Ihre Antworten fehlen!

Zunächst will ich Ihnen sagen – denn Sie schreiben, daß Sie mich bestimmt einige Male gründlich geärgert haben –: ja, Sie haben mich geärgert, und Sie werden mich wieder ärgern und bestimmt auch enttäuschen – wenn Sie demonstrieren, daß Frau Carlsen recht hatte. Aber nichts auf der Welt kann zu irgendeiner Zeit irgend etwas an meiner Freundschaft zu Ihnen ändern. Es ist wie mit Farah. Im Hochzeitsritual steht – das muß ja ernst gemeint sein – »Bis daß der Tod euch scheide«. Als ich aber die Mitteilung erhielt, daß Farah tot war, veränderte ihn das nicht für mich, und schon gar nicht den Pakt zwischen uns. Die Welt hingegen, die uns vielleicht nach dem Tod erwartet, bekam ein ganz anderes Aussehen. Können Sie sich daran erinnern, daß Sie mich einmal auf dem Heimweg vom Bärenhaus ein Stück begleiteten – der Feldweg war tief verschneit, und Pasop lief einem Hasen hinterher? Da erzählte ich Ihnen Heibergs Marionettenkomödie »Walter der Töpfer«, und wie das junge Mädchen Rosa darin zum Helden, der in eine furchtbare Situation geraten ist, sagt:

»Nun, wenn du den Glauben an Gott verloren,
so glaube an mich, ich will dich beschützen«

– das sollte als mehr als ein Zitat verstanden werden, und wurde es gewiß auch.

Es gehört einiges dazu, dies zu sagen, dieses Angebot zu machen, wenn ich es so nennen darf. Ich komme auf Farah zurück: er machte mir das Angebot, nicht justament, als er mein Haushofmeister wurde, obwohl da auch. Aber es gab eine Zeit während meines ersten Jahrs in Afrika, wo Farah und meine anderen Leute, alle Dinge in Afrika, und Afrika selbst, dasselbe zu mir sagten:

»Glaube nur an uns, und wir werden dich beschützen.«

Nun ist ja Afrika ein bißchen größer als ich und hat vielleicht ein paar tausend Jahre mehr auf dem Buckel – aber nicht darin liegt das Gewicht des Angebots. Auch Pasop könnte es mir machen.

Es gehört auch einiges dazu, es anzunehmen. Ich nahm damals Afrikas Angebot mit all meiner Kraft an, und eben dadurch wurde es zum Pakt zwischen uns, »bei welchem ist keine Veränderung noch Wechsel des Lichts und der Finsternis«. Das Motto der Finch-Hattons, das auf ihren Waffen stand, war: »Je responderai.« Es gefiel mir. Es beinhaltet ja sowohl einen Entschluß, zu dem zu stehen, was man gesagt hat, wie es gleichzeitig eine Gabe, ein Talent ausdrückt: daß man antworten *kann* – einen Resonanzboden hat, Bereitwilligkeit wie ein Echo in der Seele.

In der Komödie ist Rosa ein ganz einfältiger, demütiger Mensch, das ist Pasop auch. Und Farah war immer mein Diener. Keiner von ihnen hätte daran gedacht, an die Stelle Gottes zu treten, ja nicht einmal, sein Stellvertreter zu sein. Nein, was sie konnten, war: den Blick eines Menschen von den Menschen weg hin zu den Göttern lenken.

Können Sie sich auch erinnern, daß ich sagte, ich machte mir mehr aus wilden Tieren als aus zahmen – daß sie mir respektwürdiger erschienen –, weil sie, im Gegensatz zu jenen, in direkter Beziehung zu Gott stünden? »Sehen Sie sich die Enten auf einem Entenhof an – sie sind geschäftig, aber man kann keine Linie in ihrer Aktivität erkennen. Und dann sehen Sie Wildenten am

Himmel ziehen! Wie zielbewußt sie sind! – Derart, daß wir, die von der Erde zu ihnen aufschauen und unmöglich ihr Ziel kennen können, es dennoch spüren und erkennen. Ihr Flug ist eine Bahn wie die eines abgeschossenen Pfeils.« Darum auch scheint mir in »Der Reiter« Hubert die einzige respektwürdige Person zu sein. Er jedenfalls steht in einem direkten Verhältnis zu Gott – oder vielleicht zum Teufel – und kann allein zurechtkommen. Die anderen sind ungeheuer geschäftig und reden schrecklich viel, aber man sieht keine Linie in ihrer Aktivität.

Die Würde des Menschen liegt darin: in direkter Beziehung zu den Göttern zu stehen. Darin lag die Würde von Löwen und Giraffen: sie standen in direkter Beziehung zu einer, mir vielleicht unbekannten, afrikanischen Gottheit. Darum ist es schrecklich, sie in zoologische Gärten zu setzen und Menschen – seien sie noch so wohlmeinend – zwischen sie und ihren Gott zu stellen. So standen die spanischen Granden in direkter Beziehung zum König von Spanien, und je stolzer sie waren, desto stolzer war der König auf sie: zu Ehren des Königs von Spanien hatte er Diener, die so stolz waren, daß sie das Recht hatten, in seiner Gegenwart den Hut aufzubehalten! Dieses nun wünsche ich Ihnen in Paris: daß Sie, während Sie frei und leicht unter den Menschen geben und nehmen, dennoch ihr eigenes Wesen so gesammelt spüren mögen wie das einer Giraffe oder eines Elefanten in der Steppe, und genauso unabhängig und unantastbar. Daß Sie nicht irgendeinen »Kurswert« haben mögen, der von Menschen festgesetzt wird, sondern vollwertig in sich selbst sind.

Wozu taugt man denn schon, wenn man einen Kurswert hat? Man kann im Umlauf sein und brauchbar zu einem Zweck, man kann voll und ganz in einem Geschäft oder einem Vorhaben aufgehen. Aber man kann nichts von sich selbst geben. Denn das kleinste Stück von einer echten Goldmünze, ja selbst Staub, der von ihr abgekratzt wird, ist immer Gold. Aber eine von einem Hundertkronenschein abgeschnittene Ecke, ja sogar die Hälfte davon – ist nichts – ist weniger als ein Stück weißes Papier, auf dem man wenigstens schreiben kann.

Wenn ich in meinem letzten Brief schrieb, daß Sie allzusehr verwöhnt worden sind, so meinte ich damit nicht, daß Sie zuviel gelobt oder Ihnen zuviel geschmeichelt wurde – das wohl nicht! Aber ich glaube, man hat zuviel auf Sie geschaut, genau wie zuviel auf unselig verwöhnte Kinder geschaut wird. Der Blick der Menschen kann wie Firnis sein, der die Poren in der Haut des Beschauten gegen Luft und Licht verschließt.

Ich erinnere mich, daß Jakob Knudsen über den Sternenhimmel schreibt:

»Welch allmächtige Unschuld! Allmächtig genug, den Blick des betrachtenden Publikums in ewiger Ungesehenheit zu ertränken!«

Es ist mir in so hohem Maße Ernst mit dem gewesen, was ich als eine Art Pakt zwischen Ihnen und mir ansehe, daß ich, seit Sie abgereist sind, nicht gern viel über Sie gesprochen habe. Aber andere Menschen haben mit mir über Sie gesprochen. Sie sagen häufig: »Wir hoffen, er schreibt fleißig.« So als ob sie beobachtend um Sie herumsäßen und warteten, daß Sie ein Ei legten! Gewiß wünsche ich selbst, daß Sie eines Tages alles geben, was Sie zu geben haben. Am meisten aber wünschte ich, Sie möchten jetzt wirklich wissen und fühlen, daß Sie leben. Keats schreibt: »Shakespeares Leben war ein Gleichnis, seine Werke sind die Kommentare dazu.«

Bevor ich antworten konnte, kam Tania Blixen selbst und besuchte uns in Paris. Ich war einigermaßen auf die Beine gekommen und freute mich maßlos, wieder mit ihr zusammen zu sein, empfand es als eine Besiegelung, eine Vollendung meines Aufenthaltes, der, abgesehen von meinem Unfall, jetzt wirklich meinen Erwartungen entsprach, ja mehr als das. Sie wohnte in einem der größten und vornehmsten Hotels der Stadt, St. James & Albany, wo wir sie in der Regel auf ihrem Zimmer besuchten, bevor wir zusammen zum Essen ausgingen. Beim ersten Mal stoppte der Fahrstuhl auf dem Weg nach unten plötzlich zwischen zwei Stockwerken, saß unbeweglich fest. Er hatte zwei Ausgänge mit Türen fast ganz aus Glas, und da standen wir nun alle drei wie in einem Glaskäfig, schauten zum zweiten Ausgang hinaus in die riesige Halle und machten Zeichen, so gut wir konnten. Sofort wurde eine lange Leiter gebracht und an die Fahrstuhltür gelehnt, die sich zur Halle öffnete. Das geschah erstaunlich schnell und routiniert, als ob sie gerade zur Hand gewesen wäre. Es zeigte sich, daß sie zu dem Zweck genau davor bereitstand und daß es nicht das erste Mal war, sondern ein allwöchentlich wiederkehrendes Ereignis. Französisches Verhältnis zur Technik: man repariert nicht, solange es nicht unbedingt nötig ist, sondern hilft sich, so gut es geht. Wir stiegen herunter, die Baronesse zuletzt würdevoll wie ein großer Vogel, der darauf verzichtet, die Flügel zu benutzen, um nicht unnötig Aufmerksamkeit zu erregen.

Es wurde ein festliches Essen in einem der berühmten alten Restaurants, in die meinen Fuß zu setzen ich nie gewagt hätte, mit kulinarischen Genüssen, die meine Erfahrung und meinen Verstand weit überstiegen, nicht aber meine ekstatische Würdigung. Am nächsten Tag besuchte Tania Blixen uns in unserem Zimmer in der Cité Universitaire, einem schönen, geräumigen Mansardenzimmer mit herrlicher Aussicht. Sie freute sich über unsere Lebensumstände, plauderte, rauchte und trank Unmengen Tee. Während der Unterhaltung zog sie einen Brief aus der Tasche, sagte, es sei ein Gedicht, das ihr Neffe Tore Dinesen geschrieben habe, und fragte mich, ob ich meine Meinung dazu äußern könne. Ich las es mehrmals gründlich durch, voller Verwunderung darüber, daß ein junger Mann heutzutage darauf verfiel, in dieser Art zu schreiben, und als sie betonte, daß sie meine aufrichtige Meinung hören wolle, unabhängig davon, daß ihr Neffe es geschrieben hatte, bekam sie sie auch. Sie war sehr kritisch und ziemlich vernichtend und wurde mit höflicher, aber definitiver Unduldsamkeit verkündet, als wollte ich bei der Gelegenheit gegen alle mehr oder weniger unmöglichen Beiträge zu Felde ziehen, die ich als Zeitschriftenredakteur erhalten hatte. Einer Unduldsamkeit darüber hinaus, einem unbewußt abweisenden Übermut, der einen Poeten so leicht erfaßt, wenn er selbst in einer schöpferischen Phase ist – und das war ich: Ich fand es wohl ergreifend, besonders die letzte Strophe, ansonsten aber hoffnungslos Pastiche, mit verdrehter Wortstellung, konventionellen Reimen und rhythmisch spannungslos. Sie trug es tapfer – um so mehr, als sich später zeigte, daß sie selbst es geschrieben hatte. Es ist heute in »Ib und Adelaide« zu lesen, wo der Kontext das Pasticheartige des Gedichtes vollkommen rechtfertigt, da es als der Klagegesang Adelaides erscheint. Nicht hingegen das Gedicht an sich. Es wirkt zutiefst persönlich, wie unauslöschliche Blutstropfen eines Seelenleids, das wie Adelaides unüberwindlich, aber einer ganz anderen Situation entsprungen ist. Damit übereinstimmend wird die Erinnerung an das Gedicht wie ein Überfall des Unterbewußten auf Adelaide geschildert, ein ausgeprägt modernistischer Zug der Erzählung, wie auch das unangepaßt Persönliche. Sonst aber gilt für Tania Blixen wie für andere Prosaisten, die versucht haben, Gedichte zu schreiben: sie sind fast immer sehr viel zeitgemäßer und moderner in ihrem Prosastil als in ihrer Poesie.

Als Tania Blixen uns das nächste Mal auf dem Zimmer besuchte, las ich ihr »Leda« vor, jetzt der Zweite Gesang in meinem Epos »Der Rabe«. Den Ersten Gesang hatte ich ihr schon in Rungstedlund vorgelesen. Nachdem sie das Gedicht selbst lange studiert hatte, sagte sie, sie finde es sehr schön, und fügte hinzu, wenn ich diese heftige nackte Umarmung so darstellen könne, daß sie zu großer und hoher Kunst werde und nicht einfach Pornographie, komme das daher, daß ich den geschriebenen wie den ungeschriebenen Gesetzen des Gedichts folgte und dadurch eine Spontaneität und Sicherheit in den Bewegungen bekäme wie ein Seiltänzer, der seine Bewegungsgesetze auch nicht übertreten darf, ohne abzustürzen. Und fuhr fort, indem sie fast wörtlich einen Faden aus ihrem letzten langen Brief wieder aufnahm, wenn ich nun endlich schreiben wolle, und dazu wolle sie mir von Herzen Glück wünschen, »so schreiben Sie für keinen Menschen, schon gar nicht für ›Heretica‹, und nicht für irgendeine Bewegung oder irgendeinen Kulturkampf, sondern schreiben Sie, weil Sie den Göttern eine Antwort schuldig sind«. »Je responderai«, schloß sie mit dem Motto der Finch-Hattons. Das machte einen tiefen Eindruck auf mich. Nichts konnte besser zu den Gedanken passen, die ich mir darüber machte, was »Der Rabe« werden sollte, zu dem Plan, der mir schwindelnd im Kopf herumging, dem Ziel, das ich anvisierte. Was auch immer seither aus dem »Raben« geworden sein mag: das habe ich eingelöst. Und wenn an nichts anderem sonst, so zeigte es sich daran, daß er offensichtlich fast unlesbar geworden ist – für Menschen.

Als wir zum letzten Mal zusammen waren, mietete Tania Blixen einen offenen Wagen zu einer nachmittäglichen Spazierfahrt in den Bois de Boulogne. Sie behandelte mich nachsichtig wie einen Rekonvaleszenten und erzählte uns verschiedenes über den Bois, unter anderem wie Napoleon III. eine große Jagd mit vielen ausländischen Gästen veranstaltete und wie bei der Gelegenheit mehrere hundert große buntscheckige Papageien im Wald freigelassen wurden, denen man beigebracht hatte, »Vive l'Empereur« zu schreien, und die nun, eifrig beschossen von fremden Diplomaten, mit diesem Schrei im Schnabel für ihren Kaiser in den Tod gingen. In der milden Frühlingsluft mit den grünenden Bäumen sah und hörte ich in meinem euphorischen Zustand das Ganze vor mir und lachte und amüsierte mich wie im Rausch. Wenn Tania Blixen in solcher Stimmung war, gab sie allem, was sie erzählte, eine übertrieben groteske Wendung, einen Akzent, der durch eine unerschütterlich todernste Miene noch verstärkt wurde, so daß ich nicht aufhören konnte zu lachen. Nachdem sie sich noch einmal nach unseren Reiseplänen erkundigt hatte – erst in die Bretagne und dann an die Mittelmeerküste –, erteilte sie mir ihre letzten Ratschläge und sagte abschließend: »Es tut mir leid, daß ich abreisen muß, aber ich freue mich auch darüber. Das tue ich immer. Und ich sehe jetzt, daß ich Sie ziehen lassen kann und Sie segnen, jedenfalls für eine Zeit, und möge es eine glückliche Zeit werden, ja, für Sie beide.« Damit verabschiedeten wir uns, und am nächsten Tag flog Tania Blixen nach Dänemark zurück.

Kurz danach schrieb ich und dankte für den Besuch. Wir erwarteten nun unseren dreijährigen Sohn in Paris, und ich schrieb unter anderem:

Die Zeit, seit Sie wieder abgeflogen sind, hat sich zu einer Art Interregnum zwischen Ihnen und Bo entwikkelt, zwischen den 3000 Jahren und den 3 Jahren; mir scheint, daß diese beiden Lebensalter die größte Autorität, das größte Wissen um die wahren Dinge enthalten, und wir mit unserer ungewissen Spanne Zeit, unserer unbestimmten Anzahl von Jahren müssen uns darüber freuen, daß zuerst Sie und jetzt Bo, ich glaube unsere zwei größten Autoritäten und diejenigen, an die wir in reinster Hingabe denken, herkommen und ein strenges, glückbringendes Maß an unser Leben legen – damit wir erfahren, wer wir sind, und alles sich zu Ereignis und Gegenwart rundet.

Die Zeit, die auf eine Art so herrlich lang hier unten gewesen ist, weil sie so ausgefüllt war, und die Sie fast ganz anhielten, als Sie hier waren und diesen Pariser Frühling so wunderbar vollendeten, begann stärker zu fließen, nicht gleich am Tag, nachdem Sie abreisten, sondern am dritten Tag. Jetzt spüre ich jeden Tag, daß ich mich einschiffen muß und der Zeitenstrom mich bald von meiner Gelbes-Zimmer-Insel forttragen wird, auf der ich so viele große und gute Stunden erlebte.

Aber gerade in diesem Interregnum zwischen den 3000 und den 3 Jahren war uns merkwürdig leicht zumute, und wir waren fast jeden Tag unterwegs. – – – Wir waren im Riesenmuseum für moderne Kunst und haben ein Schreckenskabinett der Abstrakten gesehen: es ist, als ob man durch ein Inferno wanderte, das nicht weiß, daß es ein Inferno ist, wo alles geprägt ist von einer mal seriösen, mal galgenhumorigen grausamen Unschuld. Und wir haben die ägyptischen Dinge im Louvre gesehen, und Freude und Ehrfurcht durchfuhren mich genauso wie beim Anblick von Anubis. Besonders war da eine Sphinx unten in einer Art Halbkeller oder Grotte, die mit einer Strenge, Heftigkeit, Leidenschaft gemacht war, die mich zunächst überwältigten, dann, nachdem ich sie lange betrachtet hatte, mit Jubel erfüllten: Daß so etwas möglich ist! Daß so etwas möglich ist! Und als ich durch den ägyptischen Saal mit allen seinen Göttern und Mumiensärgen wanderte, dachte ich daran, wie merkwürdig es doch ist, daß wir diese Steinpuppen umhegen, aus denen vielleicht eines Tages, unerwartet für die, die sie auf der ganzen Welt zusammengekratzt haben, neue geflügelte Gottheiten erstehen. Und wir waren beim Hochamt in Notre Dame; es ist, als säße man im Innern eines ungeheuren Vogelfelsens, wo die Orgel wie Brandung dröhnt und Vogelschatten an den farbglühenden Scheiben vorbeifliegen. Es war so schön und gewaltig, daß man hätte weinen mögen. Wenn ich solche Urformen menschlichen Schaffens sehe, fühle ich den Sinn des Lebens und bin voll namenloser Dankbarkeit, sie gesehen zu haben. Oft, wenn ich so in einem Straßencafé sitze und den Menschenstrom vorbeifließen sehe, wird mir schlagartig klar, wie alles Leiden sich eines Tages in Erfahrung wandelt, alles Glück in Erinnerung...

Am Tag darauf kam die Familie meiner Frau mit unserem Sohn, und nach einer Woche Sightseeing in Paris nahmen wir zu dritt den Zug nach dem Ort in der Bretagne, wo wir uns für einen Monat eingemietet hatten, Hôtel l'Etoile des Mers bei Saint Caste-Isle, das mit der Vorderfront zur Atlantikküste und der Rückseite zu einer Felswand lag. Wir bekamen ein Zimmer mit ungehindertem Blick aufs Meer. Ich befand mich immer noch in einem labilen, quasi rekonvaleszenten Zustand, und, um einen Ausdruck aus einem Gedicht von Morten Nielsen zu gebrauchen, »meine Freude ging auf dünnem Eis«. Hier in dieser großartigen, frischen Meerlandschaft hatte ich allen Grund zu hoffen, ich würde wirklich gesund werden. Aber es kam anders.

Am nächsten Tag trafen Stammkunden des Hotels ein, die ein Zimmer zum Meer hinaus wollten, und trotz der vor Monaten getroffenen Vereinbarung benutzte die Wirtin den Umstand, daß wir ein Kind mithatten, als Vorwand, uns in ein Zimmer auf der Rückseite des Hotels umzuquartieren, mit Fenstern auf die Felswand und einer tristen Laterne, die nachts ins Zimmer schien, wenn wir die Gardinen nicht vorzogen, wodurch wir vor Bruthitze vergingen – direkt über der Küche mit Tür auf die Küchentreppe. Dieser Bruch der Vereinbarung rührte die Wirtin nicht im mindesten. Wir wurden geräuschvoll wie Ausschuß behandelt, als wir ihr diese Unannehmlichkeiten vorhielten. In nächtlicher Bruthitze und Essensgeruch, im Küchenlärm von früh bis spät gingen Schlaf und Gesundheit dahin, und da alles an der Küste vorbestellt oder belegt war, fuhren wir nach einer Woche nach Paris, und nach einer weiteren Woche Versuch auszuhalten, kehrten wir nach Dänemark zurück, wo ich mit der Diagnose: verschleppte Gehirnerschütterung ins Krankenhaus eingeliefert wurde.

In der Zwischenzeit hatte auch Tania Blixen, allerdings aus ernsterem Grund, im Krankenhaus gelegen, ohne daß ich davon wußte. Aber in überspannt-krankhafter geistiger Hellhörigkeit, die zuweilen solch euphorisch-depressive Zustände begleitet, war ich dennoch sozusagen telepathisch mit ihr in Verbindung gewesen. In der ersten Nacht im Zimmer zum Meer hatte ich sie mitten in einem wirren Traum von meiner Familie mit gewaltiger Stimme nach mir rufen hören, war hochgefahren, saß lange auf und horchte in die

Dunkelheit, als wäre es wirklich geschehen, von Angst gepackt, ihr sei etwas zugestoßen, hörte aber nur das mächtige Rauschen der Flut. Am nächsten Tag schrieb ich ihr, fragte, ob es bedeutete, daß ich kommen solle, und daß sie mich wissen lassen solle, wenn dies der Fall sei. Das war ja der Sinn des Paktes. Drei Tage danach kam die Nachricht von Clara Svendsen, daß die Baronesse im Krankenhaus lag, aber gebeten hatte, mich grüßen zu lassen und für meinen Brief zu danken: »Sie bittet mich, zu sagen, daß sie zur rechten Zeit schon tun wird, worum Sie sie bitten. Auch bittet sie mich, hinzuzufügen: Jene Elemente, die wirklich Fühlung mit dem Mond haben, müssen sich damit abfinden oder ihm vergeben, daß er sie mit einem so starken Rhythmus anzieht.« Nach meiner Heimkehr, als ich im Krankenhaus lag, erzählte mir Tania Blixen, daß es sich mit ihrem nächtlichen Ruf ganz anders verhielt, als ich wissen konnte. Als sie zur Behandlung ihrer schmerzhaften Krankheit wieder im Krankenhaus lag, hatte sie gerade in jener Nacht sehr an mich gedacht. In dem Gefühl, der Pakt gehe über ihre Kräfte, sei eine Bürde für sie und eine Gefahr für mich, für die die Verantwortung zu übernehmen sie nicht wagte, hatte sie mich mit aller Kraft fortgeschleudert, hinaus aus dem Pakt und hinaus aus ihrem Leben.

»Da ich ein paar Tage darauf aus Ihrem Brief erfuhr, daß Sie sozusagen rikoschettiert sind, ja, daß ich Sie, statt Sie unwiderruflich von mir fortzuschleudern, wie mit einem Rufen an mich gezogen habe, beschloß ich, daß Sie, sollte der Pakt zwischen uns jemals gelöst werden, allein es tun müßten.«

In Rungstedlund, Pellegrina

Das war das Ende der Reise, von der ich soviel erwartet und die gerade erst begonnen hatte: ein Krankenhausbett in Hillerød. Ich fühlte mich wunderbar weit zurückversetzt, nicht nur bis vor die Reise, sondern noch weiter, dämmerte dahin in einem fatalistischen Gefühl von Niederlage und Aufgeben, das auch etwas Heilendes an sich hatte. Nicht krank und nicht gesund, aber in freundlicher Umgebung mit Lektüre und wechselndem Besuch. Auch Tania Blixen kam, lieh mir ein Amulett, das mir helfen sollte, und sagte, daß ich jetzt vor allem die Gedanken von der abgebrochenen Reise lassen und mich vollkommen der Situation hingeben sollte, nichts bereuen, nur denken, so und nicht anders müsse es eben sein, alles würde sich fügen, wenn ich nur bereit wäre, zu nehmen und zu geben. »Gott wird alles richten«, sagte sie und rezitierte die letzten beiden Strophen des Liedes mit tiefer Innerlichkeit in ihrer Altkopenhagener Diktion:

Gott wird alles richten,
nimmt dich bei der Hand,
wenn du versinkst,
wenn du verzweifelst,
keine Ruhe findest
draußen im Tal des Unglücks.
Dann kommt Gott herbei,

dann endet dein Kummer,
wie ein Strohhalm verbrennt.

Gott wird alles richten,
der den großen Drachen
mächtig überwand.
So führt er die Seinen
durch Kreuz und Pein
wunderbar hindurch.
Sei bereit
zu Krieg und Frieden,
zu geben, zu nehmen.
Gott wird alles richten.

»Ja«, sagte sie, »diese Verse haben mir geholfen, wenn ich nichts mehr verstand und es wirklich böse aussah. Eines Tages wird alles, was Sie jetzt ärgert, ›verbrennen wie Stroh‹. Kann man sich dafür, daß etwas verschwindet, ein vollkommeneres Bild vorstellen«, fügte sie hinzu, »und beachten Sie den Ausdruck ›wunderbar‹. Daran habe ich oft gedacht, wenn ich durch meine Qualen ›wunderbar‹ geführt worden bin«, wiederholte sie mit Nachdruck auf jeder Silbe. Beim nächsten Besuch erneuerte sie eine Einladung, die sie schon auf dem Weg über meine Frau ausgesprochen hatte: im Anschluß an den Krankenhausaufenthalt nach Rungstedlund zu kommen, dort zu wohnen, um in Ruhe und Abgeschiedenheit ganz gesund zu werden. »Ich tauge zu drei Dingen: Geschichten erzählen, Kochen und mich um Verrückte kümmern.« Darum, betonte sie, fühle sie sich namentlich mit Hinblick auf letzteres dazu berufen, sich um mich zu kümmern und mich gesund zu pflegen. »Ich werde wie eine Löwin auf der Schwelle des Hauses liegen und darüber wachen, daß niemand Sie stört.« Nichts kam mir in meiner Lage besser zupaß, ich sagte mit Freuden zu. Ende September zog ich in den Flügel mit dem nach Westen gelegenen grünen Zimmer und dem anschließenden Schlafzimmer – normalerweise Tania Blixens Winterwohnung, wenn der stürmische Ostwind durch Risse und Ritzen drang und sie von der breiten östlichen Giebelseite mit dem Ewald-Zimmer verjagte, in dem sie arbeitete, und aus dem darüberliegenden Schlafzimmer. Zunächst ließ sie mich allein essen, und den ganzen Tag über sah ich sie höchstens in der Stunde, bevor ich ins Bett mußte. Die Schlafenszeit hatte meine eifrige Wächterin auf neun Uhr festgelegt, und während des Aufenthaltes, der bis einen Tag vor Heiligabend dauerte, brach sie oft auch die spannendsten Gespräche mitten im Satz ab, wenn die Bornholmer Uhr neun schlug, erhob sich und sagte: »Na dann gute Nacht, Magister.«

Am ersten Abend kam Tania Blixen also um acht herum in das grüne Zimmer und erklärte mir ausführlich und umständlich die Lebensweise, die sie mir auferlegen gedachte, und sagte abschließend: »Könnten Sie sich nicht vorstellen, sich mit dem Gefühl hier niederzulassen, der Aufenthalt sei auf unbestimmte Zeit, so wie es zuweilen den Gästen auf den alten russischen Gütern geschah, es kam vor, daß sie einen Monat blieben, aber es kam auch vor, daß sie zehn Jahre blieben. So sollen Sie sich hier auch fühlen und nicht an die Zeit denken.« Dann erhob sie sich und legte eine Platte auf das alte Grammophon, das sie in Afrika von ihrem Freund Denys Finch-Hatton bekommen hatte. Bevor sie aber die Nadel auf die Rille setzte, sagte sie langsam und beschwörend: »Nun sollen Sie auf die Musik hören und an nichts anderes denken. Sie werden dieses Stück ein paarmal hören, während Sie hier sind, und die Töne sollen Sie einspinnen und Ihr Herz zur Ruhe wiegen, so daß Sie, wenn Sie das Stück später im Leben hören, immer an diese Abende und das grüne Zimmer denken, wo Sie sie zum ersten Mal gehört haben.« Es war das Adagio aus Tschaikowskys Erstem Streichquartett, ich fühlte mich ganz überwältigt, offen und dem Augenblick hingegeben, allen Ungewißheiten und Versäumnissen entrückt, die mich sonst quälten, der Enttäuschung über die abgebrochene Frankreichreise, in einer sonderbaren, gleichzeitig träumerischen und hellwachen Sicherheit. Tania Blixen saß und sah hinaus in das Septemberhalbdunkel und zuweilen freundlich forschend auf ihren Gast. Dann war die Musik zu Ende, sie erhob sich, blieb stehen und schloß das Grammophon, sagte gute Nacht, und ich ging ins Bett mit dem Gefühl heimgekehrt zu sein. Ich wurde konsequent als Rekonvaleszent betrachtet und maßlos verwöhnt, bekam Frühstück ans Bett und war ansonsten vollkommen mir selbst überlassen, las, ging am Hafen und im Park spazieren, durch die Felder und Wälder und hörte Musik auf dem alten Grammophon. Es gab Tage, an denen ich »die Baronesse« (das war sozusagen ihr Name) überhaupt nicht sah, ja überhaupt niemanden anders als die Haushälterin Frau Carlsen, die energisch und leise für das Essen sorgte. Es war sonderbar, sich allein in einem großen Haus zu befinden, das um einen herum fühlbar lebte, und so gut wie keinen Menschen zu sehen. Diese Einsamkeit war zweifellos eine Stufe zu meiner Gesundung, zuerst aber empfand ich sie als Leere oder Fremdheit, einen unerwarteten Rückschlag nach der märchenhaften und überraschenden Vertrautheit des ersten Abends. In einem Tagebuch, das ich auf Tania Blixens Aufforderung hin zu Beginn des Aufenthalts führte, bis ich begann, zu dichten und sie häufiger zu sehen, notierte ich am 26. September:

Ich bin jetzt seit drei Tagen in Rungstedlund. Gestern abend endlich erreichte ich jene tiefe Trostlosigkeit, jene ruhige Verdrossenheit, die jede Hoffnung ausschließt und mir den Schlaf bringt, den ich brauche. Am Morgen sah alles anders aus. Ich machte einen weiten Spaziergang, stand schließlich lange draußen auf der Mole und sah hinunter auf die Wellen. Ihr Steigen und Fallen war zutiefst beruhigend, ich könnte nicht sagen, daß ich wieder Hoffnung bekam, aber auch nicht, daß ich keine hatte. So war es gut.

Offensichtlich war ein seelisches Gleichgewicht eingetreten, kein unstetes, sondern ein stetes, ein produktiver Zustand, in dem alles geschehen konnte, eine Offenheit, die durch angespannte oder nervöse Erwartung nicht beliebig blockiert werden konnte, was zuwege zu bringen unzweifelhaft Tania Blixens gezielte Absicht war. Bereits am 28. September konstatierte ich eine definitive Besserung meines Zustands und referierte einen Teil eines Gesprächs:

Heute ging es mir fabelhaft. Alles hat sich gewandelt. Fürchterlich und herrlich ist die Hoffnung zurückgekehrt. Ich ging spazieren in einem kräftigen, milden Sprühregen, der durch die Seele ging wie durch ein offenes Tor. Der Mond steht fast rund über dem Öresund, die Baronesse rief mich heraus, um ihn anzusehen. Die Bäume rauschen und rauschen, und herbstlich-milder Duft kommt zu meinem offenen Fenster herein. Ich habe dies keineswegs verdient, aber ist es nicht oft gerade das Unverdiente, das einem die größte Freude bringt? – – – Die B. sehe ich selten, und bis jetzt haben wir sehr wenig miteinander gesprochen. Es ist ihr Wille, daß ich geschont werde bis zur Langeweile. Überall spüre ich ihren starken Geist – bin ich schwach, wie eine Bürde, nicht zu tragen, bin ich stark, wie eine Befreiung, eine beflügelnde Stärke. Alles um mich herum geht mit einer Heiterkeit, Regelmäßigkeit und Ruhe vor sich, die mich die Umgebung vergessen lassen und mir ein Gefühl geben, als ob ich zu Hause wäre.

Gestern sprach sie doch ein wenig über Kenia, das in letzter Zeit aufgrund der chaotischen Verhältnisse in den Schlagzeilen war. Die B. erzählte, daß sie an Baldwin geschrieben hatte, der höflich, aber abschlägig antwortete, daß sie versucht hatte, auf den Prince of Wales einzuwirken: »Aber das machte ja Mrs. Simpson zunichte. Im ganzen empfinde ich oft, daß wir die Eingeborenen im Stich gelassen haben. Und siehe da, jetzt ist es genauso gekommen, wie ich es damals voraussagte. Aber niemand wollte auf mich hören. Der Gouverneur fragte mich einmal, wer das Land in Ordnung bringen könnte. Ich antwortete: Ich kann es.« Die B. schwieg ein Weilchen und fügte dann hinzu: »Nein, ich hätte niemals nach Hause kommen, niemals diese Bücher schreiben sollen. Ich hätte dort unten bleiben sollen, das wäre viel besser gewesen.«

Diese Reue wurde mit einem Ernst, einer Trauer vorgebracht, die mich schockierten. Daß diese starke Persönlichkeit den gegenwärtigen Abschnitt ihres Lebens so total verwerfen konnte, die Bücher, die ich liebte und als Essenz ihres Lebenswerks betrachtete, war mir unbegreiflich. Und gleichzeitig war da etwas verdreht Göttliches an dieser Geste des Verwerfens, das tiefsten Eindruck auf mich machte, sie sowohl größer als auch menschlich vertrauter machte – es lag ein Widerspruch darin, den ich nicht auflösen konnte.

Auch in anderer Hinsicht kam sie auf das Thema. Als wir nämlich kurz darauf über »Die Träumer« sprachen, sagte ich ihr, was mir jetzt, nachdem ich sie kennengelernt hatte, ganz klar geworden war: »Sie sind Pellegrina.« Sie antwortete: »Ja, das bin ich«, und fügte hinzu: »Daß sie die Stimme verliert, entspricht dem, daß ich die Farm in Afrika verloren habe.« Erzählte dann, was das bedeutete: daß sie damit ihr Schicksal und ihre Identität verloren hatte, daß sie von da an kein Schicksal mehr haben und nicht unter irgendeiner Identität leiden *wollte*. Ich sprach davon, welch gewaltigen Eindruck die Erzählung auf mich gemacht hatte, als ich sie als Zwanzigjähriger zum ersten Mal las, welch phantastische, welch irre Sehnsuchtskraft mir in ihr zu strömen schien. Tania Blixen antwortete, daß gerade diese Erzählung, wie das Buch im ganzen, so heftig sei, weil es das erste war, was sie nach dem Verlust der Farm und nach ihrer Rückkehr geschrieben hatte. »Es ist ein Schrei, das Brüllen eines Löwen. Erst als der Schmerz nachgelassen hatte, konnte ich ›Afrika, dunkel lokkende Welt‹ schreiben.«

Tania Blixen war, wie gesagt, an der Zeitschrift »Heretica« sehr interessiert und trug als deren Mitarbeiterin mit »Briefe aus einem Land im Krieg« zum ersten Jahrgang 1948 bei und mit der Erzählung »Nächtliches Gespräch in Kopenhagen« zum letzten Jahrgang 1953. Sie setzte große Erwartungen in »Heretica« und sah diese nicht eingelöst. Ab und an vielleicht, meist aber überwog die Enttäuschung. Mit düster klagender Stimme kritisierte sie zuweilen die Zeitschrift von vorn bis hinten und prophezeite unheilverkündend, was sie voraussah und zutiefst mißbilligte. Nachdem Redaktion und Verlag sich nun einmal an sie gewandt hatten, meinte sie dann auch, die Zeitschrift müsse etwas mit ihrer Lebensauffassung und -haltung zu tun haben, jener heidnisch-kosmischen Haltung, die aus alten Traditionen lebte und in der Begriffe wie Ehre und Schicksal ganz selbstverständlich integriert waren. Aber sie fand zu wenig davon in »Heretica«, bemängelte deren protestantisch-christliche Ausrichtung und Mitmenschlichkeitsphilosophie, das allzu apokalyptische Reden von Krise der Kultur und fand überhaupt die modernen Dichter mit wenigen Ausnahmen zu empfindsam, wehleidig und trübsinnig.

Einiges davon wurde sie los, als sie am folgenden Abend ins grüne Zimmer kam. Nachdem sie über ihren

Freund Denys Finch-Hatton gesprochen hatte, sagte sie:

»Die modernen Dichter sind nicht frei geboren. Alles ist so schmerzvoll. Es ist, als ob nichts ihnen helfen könnte; wenn ich nun dagegen an J. P. Jacobsen denke. Oder an Rimbauds schreckliches Schicksal. Meine Bekannten beschuldigen mich zuweilen, ich könne nur mit Menschen befreundet sein, die physisch stark sind, und das stimmt vielleicht. Er (Denys Finch-Hatton) sah sehr gut aus und war stark. Er würde nie daran gedacht haben, ob er einem gefiel oder was man von ihm hielt. Auf die Idee wäre er niemals gekommen. Es ist, als ob die neuen Dichter wünschten, daß man auf sie schaut, und tut man es, rufen sie nein, nein. Dagegen H. C. Andersen, der so unglücklich war und sich soviel beklagte: Ihm konnte man doch Freude bereiten. Wenn er zu Gast auf einem der großen Güter war oder auf seinen Reisen durch Europa Anerkennung erfuhr. Es war, als ob er nur Platz brauchte, um seine langen Beine auszustrecken. Oder Ewald, selbst in all seiner Erniedrigung war er frei geboren, und oft fühlte er sich mit überwältigender Stärke als Liebling der Götter.«

Vieles von dem, was Tania Blixen über alles mögliche sagte, war mehr oder minder versteckt an mich adressiert. Bei allem wollte sie mich fortgesetzt erziehen, ermuntern und anfeuern. Sie verhehlte nicht, daß sie Außergewöhnliches von mir erwartete, sowohl menschlich als auch dichterisch, und das konnte Ansporn sein, aber auch, im Gegenteil, eine Aufgabe, die weit über meine Fähigkeiten ging. Sie vergnügte sich manchmal damit, Anagramme aus Namen zu machen, so eines für Jørgen Gustava Brandt. Wie bekannt, sind es dieselben Buchstaben, die man verwenden muß. Bei ihm entstand: Nimm an, wir sind Gottes Kinder. Martin A. Hansen, zu dem sie eine sehr zwiespältige Beziehung hatte, den sie bewunderte und verabscheute, wurde zu: Er ist mein Satan. Eines Abends, als sie eine Art rückblickender Unzufriedenheit mit mir loswerden wollte und Kraft genug übrig hatte, es in überwiegend positiver Form zu tun, mit einem Unterton von grimmigem Humor, begann sie mit einigen Betrachtungen, die auf ein Anagramm hinausliefen, das sie aus meinem Namen gemacht hatte, und was man darüber hinaus daraus ableiten könne. Sie sagte:

»Jetzt will ich Ihnen etwas sagen. Es kommt mir manchmal so vor, als wären Sie in Ihrem Milieu aufgeweicht worden, wie man einen Zwieback in einer Tasse Kaffee aufweicht, damit man ihn mühelos heruntermampfen kann. Das hätte ich Ihnen gern gesagt: Seien Sie hart. Denn es kann sehr angenehm sein mit weichem Brot, weichen Decken und weichem Rasen. Aber nur die harten Dinge klingen.

Ich habe ein Anagramm aus Ihrem Namen gemacht, es wurde daraus: ›Handbohrer! Kling laut.‹ Es ist schwerer, als Sie glauben, ein Anagramm zu machen. Sie sollten es selbst einmal versuchen, dann würden Sie es merken. Dieses hier hätte ja auch etwas besser sein können. Trotzdem ist es nicht ganz schlecht, und ich denke manchmal daran, wenn ich an Sie denke. Es wäre richtig gut, so ein kräftiges, zielbewußtes Stück Werkzeug zu haben, das laut klingt. Eine Violinsaite ist auch hart, oder eine Bogensehne, auch ein ganz dünnes Kristallglas kann klingen, wenn es hart genug war, das Schleifen zu überstehen. Werden Sie Eisen! Dann werden Sie spüren, was dem Zwieback niemals zuteil wird. Wie die Kraft des Magneten durch Sie hindurchgeht, so daß Sie eins mit ihr werden. Wohl kann der Zwieback geltend machen, daß die Magnetkraft eine schöne Illusion ist, daß nichts Reales mit ihr korrespondiert, und es wird schwer sein, mit ihm zu argumentieren. Der Stahl aber *weiß*.«

So war sie einerseits eine unbeugsame, mokante Erzieherin, andererseits, dem Pakt entsprechend, vollkommen offen in einer nachdenklich-freundschaftlichen Vertrautheit. Beide Seiten entfaltete sie während dieses monatelangen Aufenthalts in Rungstedlund, als sie begann, mich häufiger im grünen Zimmer zu besuchen.

Am Abend des 3. Oktober hatten wir das erste längere Gespräch. Über Byron und Shelley kamen wir auf unser Verhältnis zum Christentum zu sprechen, und ich erzählte von meiner bisherigen schwankenden Haltung. Tania Blixen antwortete: »Ja, es schien mir immer schon, daß ihr jungen Menschen euch schwer damit tut, euch in derartigen Dingen zurechtzufinden, daß ihr so vielen Zweifeln unterworfen seid. Das war ich nie. Ich glaube jetzt an Gott, wie ich es immer getan habe.« Später kam sie darauf, was es für sie bedeutete, nie in die Schule gegangen zu sein, und daß dies vielleicht zu einer größeren Kontinuität in ihrem Leben beitrug. Das war sehr anregend für mich, ich erzählte von meiner Schulzeit von sieben bis vierzehn, die im großen und ganzen eine Marterzeit war, Erniedrigung und seelisches Ausgebranntsein mit sich brachte, von denen ich damals glaubte, ich könnte sie nie überwinden – die ich nun aber als fern und unwirklich empfand, an die ich nie dachte, obwohl die Schule zweifellos ein fataler Bruch in der Kontinuität des Lebens gewesen ist, in der natürlichen Entwicklung vom Kind zum Jüngling und Mann.

Hierauf antwortete sie nach langem Nachdenken: »Je mehr ich über Ihr Leben höre, desto mehr bestätigt es meine Meinung über Sie, so daß ich mir selbst zunicke und sage: Siehst du. Jetzt weiß ich, nach welchem Ausdruck ich suchte, als wir neulich über jene Dichter sprachen, die ich frei geboren nannte. In ihnen ist keine Bitterkeit, ihnen geschah kein Unrecht, wie fast allen zeitgenössischen Dichtern. Es ist gut, daß diese Zeit keine Bitterkeit in Ihnen gesät hat, daß Sie sie vergessen haben. Darum bin ich so sicher, daß Sie durchkommen werden. Ja, ich glaube wohl, ich weiß, wie Ihr Leben aussehen wird, aber ich werde es Ihnen jetzt nicht erzählen. Sie werden glücklich. Nicht etwa dergestalt, daß Sie um alles Unangenehme herumkommen, daß alles für Sie glatt gehen wird. Sie erleben vielleicht schreckliche Dinge, und es kann Ihnen viel Unglück widerfahren. Aber Sie werden glücklich werden.«

Zum Schluß sprach sie über die Sehnsucht, die man niemals aufgeben solle: »Immer habe ich eine gewaltige Sehnsucht empfunden, und selbst wenn sie nicht erfüllt wird: Wie können wir uns nach etwas sehnen, das es nicht gibt. Die Zugvögel, die jetzt fortziehen, wissen doch, daß es das Land gibt, dem sie entgegensteuern.« Und sie schloß mit einem wunderbaren Satz. »Die

Sehnsucht an sich ist ein Pfand dafür, daß es das gibt, wonach wir uns sehnen.«

Die Tagebuchnotiz über diesen Abend endet: »Wie schön B. doch aussehen kann, so grenzenlos jung, wenn sie von diesen Dingen spricht.« Und weiter am nächsten Tag: »Heute morgen, als B. herunterkam, sagte sie zu mir: ›Jetzt weiß ich es. Sie sind der Peter in ›Peter und Rosa‹.‹« Damit endet das Tagebuch, teils weil ich es nicht richtig mochte, teils weil von nun an meine Zeit zwischen der Dichtung und dem Zusammensein mit Tania Blixen – entweder bei nachmittäglichen Waldspaziergängen oder abendlichen Gesprächen – aufgeteilt wurde.

Von Farah zu Telemach zu Zwieback zu Werkzeug zum Peter in »Peter und Rosa«, das war nur die Einleitung zu den Metamorphosen, die ich in Tania Blixens Bewußtsein durchlief, wahrscheinlich gleich anstrengend und spannend für sie wie für mich. Sie konnte zuweilen wütend auf mich sein, ohne daß ich genau die Ursache kannte und ohne daß ich die Heftigkeit verstand. Eines Abends schrumpfte sie während eines derartigen Ausbruchs regelrecht zu einer kleinen langarmigen, furienhaft gestikulierenden Hexe zusammen und ließ mich Schlag neun niedergeschmettert und total vernichtet zurück. Wie betäubt ging ich zu Bett, verstand überhaupt nichts, als die Tür nach einiger Zeit aufging, Tania Blixen hereinschlüpfte und sich leise auf die Bettkante setzte. Jetzt aber sah sie vollkommen verwandelt aus. Strahlend jung mit einer zarten Fülle in den Zügen, unbegreiflich nach dem verbitterten Runzelnetz von vor einer Stunde, mit der aufrecht schlanken Grazie einer Siebzehnjährigen. Hätte ich die Verwandlung nicht selbst miterlebt, würde ich sie nicht für möglich gehalten haben. Mit melodischer, schwebend-zärtlicher Stimme bat sie um Verzeihung für die vorangegangene Heftigkeit. Dann ging sie nach nebenan, ließ die Tür offen und spielte ein Andante cantabile aus einem Haydnschen Streichquartett. Ein andermal, als sie von einem Besuch auf Gyldensteen auf Fünen zurückkam, ging sie heiter und belebt ordnend im Haus herum und sang mit schrecklichem Baß jene Zeilen aus einem Kirchenlied, in denen sie vorher schon einmal ich für du eingesetzt hatte, als sie meinte, mir sei ein schweres Unrecht widerfahren: »Wer wagt es zu verdammen, wo ich segne.« Eine Schwingung zauberischer Sicherheit ging mir durch Mark und Bein. Ich stand wahrhaftig unter Schutz.

Allmählich sah ich nun auch andere Bewohner des Hauses. Den alten Petersen, Chauffeur und Faktotum der Baronesse, der mich höflich, aber bedrohlich-fremd betrachtete, wie einen unbefugten Eindringling, und nur Holz in den Ofen legte, wenn ich sicher aus dem Zimmer war. Nie vergesse ich seinen Ausdruck, ja seine gesamte Haltung geballter Mißbilligung, als ich einmal – was ich Tania Blixen schon lange versprochen hatte – unsere Initialen in den großen Baum vor dem Haus schnitt. Er stierte unbeweglich und drohend herüber, während ich schnitzte und schnitzte, schwitzte und schwitzte, es andererseits aber nicht ganz richtig fand, ihm zu erklären, daß es der Wunsch seiner Herrin war und daß ich es im Grunde genauso unsinnig wie er fand. Es gehörte zu jenen Einfällen, in denen sie Meister war, die ich haßte und deren Ausführung ich vor mir herschob. Es ist denn auch das einzige, was ich im Leben geschnitzt habe, und der Baum ist gefällt worden. – Als Tania Blixen abends mit mir hinging, um sich zu überzeugen, daß die Buchstaben auch anständig eingeschnitten waren, und sich darüber freute, erzählte ich ihr von der Reaktion des alten Petersen. Sie amüsierte sich köstlich und sagte: »Ich kenne ihn, ich kann ihn vor mir sehen, er ähnelt einem Wurzelzwerg. Wenn ihm etwas nicht paßt oder er etwas nicht ertragen kann, glimmt er schauerlich wie fauliges Holz.«

Und da war Frau Carlsen, die energisch-fröhlich für das Praktische im Hause stand und lauthals lamentierte, wenn ich zu spät zum Essen kam, namentlich zu traurig zusammengefallenem Auflauf. Dieses Gericht konnte ich nicht ausstehen und kam dann meistens zu spät, so daß schließlich der Eindruck bei mir entstand, daß ich, kam ich zu spät, Auflauf bekam – als eine Art mystischer Strafe! Es geschah, daß ich schneller lief, um diesem erschreckenden Gericht zu entgehen. Aber wenn sie auch, wie gesagt, mehrmals aus tiefstem Herzen an meiner Intelligenz zweifelte – nicht einfach nur auf Auflaufebene, obwohl es bestimmt von da ausging –, war sie doch die einzige im Hause, die sich von den Stimmungsschwankungen ihrer Herrin mir gegenüber nicht beeinflussen ließ und mir, ob in Gnade oder Ungnade, gleich unerschütterlich freundlich-fröhlich entgegenkam, was mir in späteren kritischen Situationen das lindernde Gefühl vermittelte, Himmel und Erde stünden noch.

Und ich sah Frau Carlsens kleinen Sohn, der sich im Haus tummelte wie der Sohn des ganzen Hauses und dem die Baronesse abends Märchen vorlas. Mit tiefer, ein wenig nasaler Stimme, nicht eine einzige Begebenheit oder Replik dramatisiert oder akzentuiert, sondern in großen, langsam einander folgenden Wellen betont, die wie schwere Dünung nach einem Unwetter die Wasser der Erzählung hoben und senkten: so las eine Erzählerin, ungewohnt und faszinierend.

Und da war Clara Svendsen, mit der ich mich über ihren Lieblingsdichter Byron unterhielt und die Tania Blixen nicht immer ganz unter Kontrolle hatte, nicht weil sie leichtsinnig war, sondern wegen einer gewissen Eigensinnigkeit – wie zum Beispiel eines Abends, als sie partout eine Platte mehr spielen wollte, als die Baronesse zu hören Lust hatte, die daraufhin scherzhaft-hoffnungslos sagte: »Um Clara zu zügeln, braucht man Elefantenkräfte«, worauf Clara erwiderte: »Und bestimmt deshalb kommt die Baronesse zu nichts anderem.« Später, als ich mit einer leichten Grippe im Bett lag und die Baronesse mich einen ganzen Nachmittag unterhalten hatte, sagte sie zu Clara, die plötzlich hereinkam: »Habe ich doch Clara verboten, Sie zu stören, so daß sie mir jetzt zu Recht sagen kann: Sitzt nicht hier das lose Ding und tändelt mit der Sterbenden Hoheit.«

Aber nicht immer erhöhte sie einen derart im Scherz. So erinnere ich mich, daß die Baronesse bei einem Mittagessen mit Clara und mir plötzlich anfing: »Daß man mit euch vorliebnehmen muß. Wenn ich daran denke, mit wem ich in meinem Leben zusammen war, den prachtvollen Massai, General von Lettow und dem Prince of Wales, Albert Schweitzer und Denys, Rothschild, Sir Laurence Olivier ... und ...« Hier nannte sie noch ein paar glorreiche Namen, an die ich mich nicht erinnere, und schloß ironisch-spöttisch: »Zu denken, daß man dann hier sitzen und mit euch vorliebnehmen muß.« Ich konnte sie gut verstehen, darauf gab es nichts zu erwidern, fand ich. Und nach einer längeren Pause, in der die Baronesse gedankenvoll ein wenig aß und aus dem Fenster hinaussah, als wären wir Luft für sie, fing sie von einer ganz anderen Ecke her zu scherzen an, daß ich vor Lachen fast nicht zum Essen kam.

Schließlich und endlich war da, nicht zu vergessen, Pasop, Tania Blixens Schäferhund, eine ausdauernde, jungenhaft-fröhliche, gerade Natur, der einen Platz in ihrem Bewußtsein einnahm, der nicht niedriger oder geringer war als unserer. Mein gutes Verhältnis zu ihm – ich ging zu ihrer Freude gern und viel mit ihm ins Freie – bot in ihren Augen deutlich eine Garantie dafür, daß ich, selbst wenn es schlimm um mich stand und die Aussichten trübe waren, doch nicht völlig verloren war.

Während meines Aufenthalts bekam ich hin und wieder Besuch von meiner Frau und meinen Freunden, es geschah aber selten und kurz und hatte beinahe den Charakter geregelter Besuchszeit. Einmal jedoch kam meine Frau abends, Frau Carlsen hatte ein herrliches Festessen angerichtet, Fasan und Rotwein im grünen Zimmer, während die Baronesse meinen guten Freund Knud W. Jensen besuchte, der nicht weit entfernt ebenfalls am Strandvej wohnte. Wir waren also ganz allein, genossen unser Zusammensein und das Festmahl in elegisch-verzauberter, gerührter Stimmung, gaben uns ihr und einander überreichlich hin. Schlag neun indes kam die Baronesse zurück, riß die Tür auf, rauschte herein wie ein gereizter Schwan, der seine Jungen bedroht fühlt, und sagte brüsk, daß meine Frau jetzt nach Hause müsse und ich zusehen solle, ins Bett zu kommen.

Es gab keine Grenzen für die Freiheit, die Tania Blixen mir zugestand, die Souveränität, die ich nach ihrem Wunsch entfalten sollte, aber wenn ich plötzlich das eine oder andere in meinen Augen Widersinnige, zu dem sie mich haben wollte, verweigerte (wahrhaftig nicht deshalb, weil es mir zu schwierig gewesen wäre) – wie die Buchstabenschnitzerei oder Botschaftsbesuche mit ihr –, stampfte sie auf und zischte voller Verachtung: »Sie sind ein weißglühender Kujon«, was ich mir nicht besonders zu Herzen nahm, solange es solchen Bagatellen galt. Glaubte ich doch, daß jemandes Mut bei ernsteren Dingen auf die Probe gestellt würde, faßte immer noch nicht, daß sie sich so echauffieren konnte. Jedoch geschah es, wenn sie herumgeschrien hatte und mir gegenüber besonders heftig gewesen war, daß sie fast übergangslos den Ton wechselte, entspannt und vertraulich neben mir Platz nahm und mit ihrem wunderschönen Gesichtsausdruck, der an Verklärung grenzte, sagte: »Jetzt dürfen Sie aber nicht vergessen, daß es im Grunde nicht das ist, was ich meine. Nein, Sie sollen an Sophus Claussens Worte über die göttliche Schlange denken: Wenn sie giftig und mörderisch aus ihrem Balg heraus zischte: ›Es ist alles Liebe.‹ Hören Sie, was der herrliche Dichter sagt«, fuhr sie kurz darauf fort und zitierte auswendig aus seinem Gedicht »Der Mensch«, und es war deutlich, daß sie sich mit einer eigenen, humoristisch-triumphalen Wollust vollkommen mit der Schlange und dem Drachen des Lebens identifizierte:

Oft, wenn die Nächte pechschwarz sind, wage ich,
nach der Herrlichkeit zu rufen, die nah der Pforte des
Todes wohnt.

Und in süßen Mittagsstunden, wenn die Schlange
betört ist
von ihrem eigenen großen Herzen, werde ich
zum Geliebten erkoren.

Dann gilt es, das Jetzt zu nehmen, das gegeben wird,
den Drachen des Lebens zu umarmen, der mir
nach dem Leben trachtet.

Aber die Hand muß ich auf die sichere Achse der Welt
stützen,
um der Rache des Tiers zu entgehen und den
schrecklichen Scheren.

Ich liebe die Wildheit des Drachens, und Schlangen-
zähne treffen nur den,
der Schlangen mit vergifteten Blicken ansieht.

– schloß sie und sah mich lange herausfordernd und scharf an, bis ich einen kreiselnden Schwindel verspürte und die vage Lust zu vollkommener Hingabe.

In Rungstedlund, Gefährtin des Teufels

Es war eine vollendet glückliche Zeit, und was auch geschah, ich fühlte »es ist alles Liebe« und daß diese mich röntgenartig heilend und dennoch mit schattenloser Milde durchstrahlte wie die späte Oktobersonne. Ich erlebte die anhaltende, unverletzliche Freude der Heimkehr und eine Bestätigung für etwas, das ich wohl immer geglaubt, nie aber in Worte hatte fassen können. »Die Sehnsucht selbst ist ein Pfand dafür, daß es das gibt, wonach wir uns sehnen.« Ihre Worte fielen nun befruchtend in das Chaos eines großen geplanten Gedichts, an dem ich bereits seit langem arbeitete, das aber nicht gelingen wollte. Ein balsamisches, starkes Gegengift gegen eine europäisch-romantische Tradition, die unmerklich oder klar ausgesprochen so viele bedeutende Dichtungen durchsäuerte, mit denen man gelebt hatte – so viele bittere, nicht zu verkraftende Augenblicke des eigenen Lebens –, zum Beispiel in der Replik Pantheas aus Hölderlins »Empedokles«, die oft zu Unrecht aus ihrem Zusammenhang gerissen wird:

> O ewiges Geheimnis! was wir sind
> Und suchen, können wir nicht finden; was
> Wir finden, sind wir nicht –

Oder in jenem Ausruf aus Pär Lagerkvists »Das besiegte Leben«: »Nichts stillt die Sehnsucht des Herzens.

Nicht Trauer und schon gar nicht die höchste Freude. Denn Mensch sein ist hungern. Einfach hungern, hungern – nach etwas, das es nicht gibt.« Dem entgegen formulierte jetzt Tania Blixen mit ihrer ganzen menschlichen und dichterischen Autorität, ja wie ein Guru, daß es das gab. Mit so märchenhaften, selbstverständlichen Worten, daß es vollkommen übereinstimmend mit meiner bis dahin unbewußten, in mir aber angelegten Lebensauffassung verschmolz. Das Ergebnis davon – und von Isolation und Schutz, in denen ich lebte, des hohen, milden, langsam fortschreitenden Oktobers, der vom Sund her und durch die Wälder blies, war, daß ich in einer einzigen seligen Bewegung, einer Art anhaltender Kontemplation, die ich erlebte wie die Stille im Auge eines Gefühlstaifuns, das Gedicht in einer guten Woche fertigstellte, eines meiner glücklichsten Gedichte, in dem die Freude nicht, wie so oft, in Schmerz eingekapselt war, sondern der Schmerz in einer einzigen großen, andauernden und allumfassenden Freude. Es war das Gedicht »Haus der Kindheit« mit seinem ganzen definitiven Ausdruck für Erfüllung und Heimkehr. Ich befand mich wie im gewaltigen Magnetfeld des Erinnerns, wurde nicht zu dem Geschwundenen heruntergezogen, weder zur Atlantikküste in der Bretagne und dem erstmaligen Erleben der mächtigen Gezeiten dort, all jenem, was gerade erst unterbrochen worden war, noch zum Haus meiner Kindheit und den Wolkenwalen meiner Träume an der Bucht von Aarhus – sondern das Geschwundene wurde mit fast euphorischer Wonne in die Aktualität meines Erwachsenenlebens gehoben – wuchs mit mir in eine Art mythisch-haltbarer Struktur, als wären der Bruch und die Zeit der Leere zwischen meinem achten und meinem fünfzehnten Lebensjahr, worüber ich mit Tania Blixen gesprochen hatte, ausgefüllt und geheilt. Ausgehend von ihrem Wort über die Sehnsucht war es mir möglich geworden, das Gedicht mit sieghafter Bestätigung und Dankbarkeit zu beenden:

Das Haus ist wiedererrichtet, o
hohe Buchstäblichkeit des Herzens
gegen Zweifel und Hohn,
die wildeste Sehnsucht findet wunderbar
Antwort an einer Stelle zwischen Sonne und Mond.

In dieser glücklichen Zeit schlief ich tief und viel, träumte sehr real und überwand die chronische, quälende Schlaflosigkeit, die ich mir mit meiner Gehirnerschütterung zugezogen hatte, vollkommen. Es kommt vor, wenn ich beim Dichten bin, daß ich Verszeilen träume, die, wenn ich aufwache, entweder gültig sind (für mich) oder doch wichtige Stichworte geben, weit davon entfernt, sich draußen bei Tageslicht – wie Gold aus der Zauberhöhle – als welke Blätter zu entpuppen, was ja so oft geschieht. Zu der Zeit, als ich an »Haus der Kindheit« arbeitete und bis an die Stelle gelangt war, die ich für den Schluß des dritten Abschnitts hielt, träumte ich nachts, daß ich mit der Baronesse zusammen war, die vor Sicherheit und Weisheit leuchtete und traumhaft schön aussah, nicht mit einer siebzehnjährigen Schönheit, sondern der ihres Alters, und ich sprach emphatisch zu ihr über diese ihre Sicherheit als ein machtvoll ermunterndes, mitreißendes Exempel, und im Traum rief ich aus, was fast wörtlich in der letzten Strophe des dritten Abschnitts wiederkehrt: Ja, ja, ja, es gibt

> Eine Sicherheit, tief wie die
> Wurzeln der Berge
> die noch im Schatten des Alters
> die letzte Schwalbe ergreifen wird,
> und mit ihrem schlanken
> Flügelsegel mäht sie unsterbliches Glück.

Wie die meisten Schreibenden, die etwas Ernstes vorhaben, erzählte ich nicht, woran ich arbeitete. Gerade zu der Zeit lag eine junge Nichte von Tania Blixen im Sterben, soweit ich mich erinnere, in der künstlichen Lunge, und Tania Blixen kam nach jedem Besuch nach Hause und erzählte mir erschüttert vom Zustand des jungen Mädchens. Und ließ durchblicken, daß so etwas der Dichtung ganz anders wert wäre als all die abstrakte Nächstenliebe und Menschlichkeitsphilosophie, die die zeitgenössischen Poeten so mit Beschlag belegten. Ich verstand den Wink und versuchte es, aber da ich das Mädchen nie gesehen hatte, war es mir nun meinerseits zu abstrakt. Da daraus also nichts wurde und ich, wie gesagt, verschwieg, woran ich sonst arbeitete, rief das eine Enttäuschung von der Art hervor, die bei den seltsamsten Anlässen einen der mir unbegreiflichen Wutausbrüche der Baronesse verursachte. Ich arbeitete also ekstatisch und rücksichtslos weiter an dem großen Gedicht, wie auch an anderen Gedichten, und wartete dann auf die Gelegenheit, es vorzutragen.

Eines Abends schließlich im November, als ich sicher war, daß wir ganz ungestört sein würden, las ich Tania Blixen das Gedicht vor – mit dem Gefühl, jetzt müsse ein unwiderrufliches Urteil darüber fallen, was das Gedicht taugte, nicht an sich, sondern zwischen uns, mit dem Pakt als Instanz. Es war im grünen Zimmer, und als ich fertig war, folgte eine lange, schwindelerregende Stille, die diskantfein in den Ohren sang, wie es in einem seligen Rausch geschehen kann – nie habe ich einen Menschen gekannt, der wie Tania Blixen Meister im langen Schweigen war, nicht einem verlegen kränkenden oder verwirrenden, sondern einem offenen, aktiven. Dann erhob sie sich langsam, kam herüber, legte die Hand um meinen Nacken, küßte mich auf die Stirn, ging danach zu ihrem Stuhl zurück und setzte sich. Nun hatte sie geantwortet, und das lange Schweigen, das wiederum folgte, war zu ertragen. Darauf begann sie zu sprechen, sagte, daß es das war, was sie erhofft hatte, aber nicht erwartet. Nun wisse sie, daß sie richtig gesehen habe. Es folgten einige sehr einfache, klare Bemerkungen über das Gedicht – und dann eine einzige entrüstete, spitze Zurechtweisung, weil ich im Eifer des schöpferischen Gefechts die morgendliche Sichel des abnehmenden Mondes mit einer Neumondsichel verwechselt hatte, die am morgendlichen Osthimmel nicht vorkommt. Gleichgültig wie phantasievoll ich schriebe, sagte sie, müsse ich ebensoviel Genauigkeit an den Tag legen wie ein Astronom in seinem Journal oder ein Jäger oder ein Seemann, die über diese Dinge Bescheid wissen müßten.

Nachdem sie so aus tiefstem Herzen der zeitgenössischen Unwissenheit hinsichtlich Art, Wandel und Bewegung der Himmelskörper im allgemeinen und meiner unverzeihlichen im besonderen einen Verweis erteilt hatte (was Folgen für mich hatte in Gestalt amateurastronomischer Studien und Beobachtungen), schwieg sie wieder und wechselte dann abrupt zu derb dämonisch-scherzhafter Neckerei:

»Da haben Sie mich in letzter Zeit ordentlich an der Nase herumgeführt. Es ist wie in Grimms Märchen von Hänsel und Gretel. Ich habe Sie geflissentlich eingesperrt gehalten, und jedesmal, wenn ich gekommen bin, um zu prüfen, ob Sie zugenommen haben und bald fett genug für ein Festessen sind, haben Sie genau wie Hänsel einen abgenagten Knochen anstelle des Fingers durch das Gitter gesteckt. Und ich merke erst jetzt, wie brauchbar und gut im Futter Sie sind.«

Kurz danach schlug es neun.

Um die gleiche Zeit gab sie mir auch ihren Essay über Branners »Der Reiter« zu lesen, als Teil unseres Gesprächs und um mich zu unterhalten, wie sie sagte. Sie empörte sich über Branners Vermischung von Mythos und Mysterium, Thema ihres Reiter-Essays, und identifizierte sich unverkennbar mit Hubert, dem Zentauren, der ganz im Mythos lebte, über Gefahren lachte, die andere fürchteten, überhaupt lachte – und den die anderen anziehend und furchterregend fanden, unentbehrlich im Leben und doch am liebsten tot. Wenn sie – oder das, wofür sie eintrat – auf Vorwürfe oder Vorurteile traf, oft solche, die viele andere gar nicht beachten würden, konnte sie wieder und wieder verbittert klagen: »Darf es mich denn nicht geben? Habe ich denn überhaupt nicht das Recht zu sein?« So wenig wie Hubert es durfte, empfand sie. Und hier kämen nun die anderen und meinten, mit einer Bluttransfusion vom Mythos, vom harten, unschuldigen Animalischen das anämische, sterbende Mysterium der Nächstenliebe wiederbeleben und stärken zu können. Sich nähren zu können vom Ursprünglichen, das sie gleichzeitig leugneten, von dem sie nichts wissen – beziehungsweise das sie entmachten, verfälschen, humanisieren wollten. Sie war der Meinung, daß Mitleiden und inkompetente Erlösermanie wie die des Clemens im »Reiter« eine Herabwürdigung, eine Zersetzung bzw. Schwächung derjenigen war, denen man sie zuteil werden ließ, und daß man eigentlich nur dann andere ernstlich erfreuen kann, wenn man selbst froh ist. Aus diesem Grund schloß sie folgende Zeilen aus »Haus der Kindheit« besonders in ihr Herz: »und ich bin mir selbst ein Rätsel und stehe unerschütterlich wie ein Freudenverkünder«, und benutzte sie später fast wörtlich in der Erzählung »Stürme« in Arndts Antwort an Malli am Ende des Abschnitts »Eine Verlobungsgeschichte«: »Ich glaubte von mir selbst, ich wüßte alles und sähe den Untergang voraus. Ach, Malli, heute bin ich mir selbst ein Rätsel, und ein Freudenverkünder.« Tania Blixen fragte mich vorsorglich, ob ich etwas dagegen hätte, wenn sie dies in einem versteckten Zitat verwendete, und ich wußte nur zu antworten, daß ich doch zu Recht stolz darauf sein könnte.

Wie Tania Blixen sich mit Huberts zentaurenhafter Härte identifizierte, so bekannte sie sich zum Sieg – wollte, ich täte es auch. Zwar äußerte sie in »Briefe aus einem Land im Krieg« Bedenken hinsichtlich eines fanatischen, triumphalen Siegeswillens, den sie während eines Besuchs im Dritten Reich wahrnahm, den sie dort im Geist – oder Ungeist – dieses Reichs aus einer Aufführung von Beethovens Fünfter Symphonie heraushörte –, aber das war, weil es der titanische Sieg überstandener Leiden ist, ein Sieg ohne wirkliche Freude. Sie meinte einen anderen Sieg, wenn sie in ihrem Ermunterungsbrief an mich nach Paris schrieb: »So gehen Sie am selben Tag, an dem Sie diesen Brief erhalten, in den Louvre und sehen Sie sich den Sieg, die Nike von Samothrake an.« Sie war der Meinung, man habe aus Leid und Niederlage, Verlust und Schwäche Metaphysik gemacht (ich selbst hatte in meinem Buch über Martin A. Hansens Dichtung dazu beigetragen), eine Metaphysik, die sie für unvernünftig und unannehmbar hielt. Schon zu einem frühen Zeitpunkt unserer Bekanntschaft gab sie ihrem Abscheu vor dieser Lebenshaltung in einem Brief nachhaltig Ausdruck. Sie schickte ihn mir zusammen mit Eyvind Johnsons Umdichtung der Odyssee zu einem »Roman über das Gegenwärtige«, »Strändernas svall«:

Anbei Eyvind Johnsons Buch, von dem ich Ihnen erzählte. Ich weiß, Sie haben viel zu tun, darum möchte ich Sie auch nicht bitten, es ganz zu lesen! Aber lesen Sie, wenn Sie irgend können, die beiden letzten Kapitel, damit Sie mir erklären, warum dieselben Begebenheiten seinerzeit zur Odyssee wurden und jetzt bei Eyvind Johnson zu diesem Buch. Ich kann mich ja nicht darauf berufen, zu Homers Generation zu gehören, doch es scheint mir, daß ich selbst und die Menschen – schwarze oder weiße –, denen ich in meinem Leben nahegestanden habe, in vieler Hinsicht mehr mit jener gemein haben als mit einer Generation, die sich nicht zum Sieg bekennen will, sich von ihm abwendet und ihn verleugnet. Liegt nicht zu guter Letzt etwas Verständiges, Anständiges darin, jenen Menschen die Niederlage zu wünschen, die sie in Wahrheit lieben, nicht von ihr lassen können, für die die Niederlage weit weniger bitter und schmerzvoll ist als der Sieg?

Mit großem Vergnügen und Tiefsinn bekannte Tania Blixen sich auch zu einer Beziehung zum Teufel, dem, der dem Menschen den Sieg und alles auf dieser Welt zu Wollust und Beute gab, wenn man ihm nur seine Seele versprach. Ihr jedoch hatte er etwas anderes gegeben, wie es aus bestimmten Gründen nicht anders sein konnte, erzählte sie mir eines Abends im Dezember, als sie auf die Krankheit zurückkam, die sie bereits in jungen Jahren vom Leben abgeschnitten hatte, vor allem und definitiv vom erotischen Leben: »Als mir dies widerfuhr und bei Gott keine Hilfe zu holen war, und Sie müssen verstehen, wie entsetzlich es für eine junge Frau ist, wenn sie nicht lieben und umarmen darf – da versprach ich dem Teufel meine Seele, und er versprach mir dafür, daß alles, was ich hernach erleben würde, zu Geschichten werden sollte. Sie sehen, er hat sein Versprechen gehalten.« Wir saßen im Kaminzimmer und unterhielten uns. Nach den letzten Worten sah sie lange und traurig sinnend ins Feuer. Das Schweigen wuchs, als ob es nichts anderes gäbe als dieses Schweigen und das sachte Geräusch der Flammen, und was sie mir gerade erzählt hatte, schien Wahrheit zu sein, eine definitive Wahrheit, in welch merkwürdigem und unwahrscheinlichem Gewand sie auch daherkam.

Nicht möglich war es mir dagegen, andere Dinge in derselben Bildersprache ernst zu nehmen, die sie hin und wieder plötzlich fast übergangslos in ein Gespräch einflocht: »Wollen Sie nicht meinen besten Freund kennenlernen? Ja, mein bester Freund, das *ist* der Teufel.« Aussprüche, die sie mit großer Hartnäckigkeit wiederholte und zuweilen verstärkte zu: »Ja, wollen Sie denn nicht den Hexenbesen mit mir besteigen?« Ich fühlte mich in der Regel ziemlich überrumpelt und desorientiert, wußte nicht, was ich antworten sollte, schien es mir doch gleich unmöglich, ja wie nein zu sagen, und da keine näheren Anweisungen folgten, wie das eine oder andere vor sich gehen sollte, geschah weiter nichts. Die Baronesse nahm überlegen und ruhig das Gespräch wieder auf, als ob der eigentümliche Vorschlag überhaupt nicht gemacht worden wäre.

Die Tage vergingen, und alles um mich herum verlief so, als sollte ich immer noch auf unbestimmte Zeit bleiben, aber zu Tania Blixens Verdruß hatte ich nicht nur Freunde außerhalb von Rungstedlund, sondern, schlimmer noch, Familie. Frau und Kind. Sie tat, was sie konnte, um das zu akzeptieren, aber das Fiasko meiner Frankreichreise schob sie unter anderem darauf, daß mein dreijähriger Sohn beim letzten Teil der Reise dabei war. Ihr Verdruß konnte in ausgesuchter Spöttelei hervorbrechen: »Da glaubten Sie, Sie könnten ausziehen und den Heiligen Gral suchen – mit Kinderwagen!« Als Weihnachten sich näherte, ergab es sich so, daß ich bei meiner Familie sein würde, während Tania Blixen auf Besuch zu ihren adligen Freunden nach Fünen ging. Der Tag vor Heiligabend wurde also mit den versammelten Hausbewohnern gefeiert, ein schöner, ausgelassener Abend, an dem Tania Blixen mal mit versteckt-schiefem Lächeln, mal mit übermütigem Lachen, wie es sich für eine Halbgöttin und Gefährtin des Teufels (inkognito) bei Saturnalien ziemt, erfindungsreich an allen möglichen Streichen und Einfällen teilnahm. Am nächsten Vormittag nahm ich Abschied und Quartier zu Hause bei meiner Familie im Dauglykkevej in Sletten, wohin wir im Spätherbst gezogen waren. Ich war genau drei Monate in Rungstedlund gewesen, und die Löwin, denn auch das war sie, hatte wirklich für mich gesorgt und mich gesund gemacht.

Gespräche

Tania Blixen besaß eine besondere Art von Genialität. Große Begabung war natürlich eine ihrer unentbehrlichen Voraussetzungen, aber die allein tat es absolut nicht. Erst durch ihre organische Verbindung mit der übrigen Person, Seele und Körper, Sinnen und Herz, äußerte sie sich als Genialität, trat aber augenscheinlich nur zeitweise auf, unter bestimmten Bedingungen, wie seltene Tiere oder Pflanzen. Plötzlich war sie da, handelte und wirkte, und plötzlich war sie weg. Sie erinnerte an Weisheit, es mangelte ihr aber, was sonst Weisheit kennzeichnet, an Unverletzbarkeit und Kontinuität. Sie durchschaute beinahe röntgenartig Wesens- und Wachstumsbedingungen anderer, sprang aber jäh und unvermittelt hin und her, indem sie mal nach denen der anderen, mal nach den eigenen handelte. Sie konnte aus tiefstem Herzen nach Verantwortung und Konsequenz streben, fand es aber fast nicht zum Aushalten, sie zu praktizieren, ausgenommen ihren eigenen Leuten und ihren Tieren gegenüber. »Wenn doch die Leute mich einfach für wahnsinnig hielten«, klagte sie manchmal, »das wäre eine solche Erleichterung.«

Da Tania Blixen ja, als ich ihr begegnete, eine alternde Frau war, 64 Jahre (damals genau doppelt so alt wie ich), und oft krank, erlebte ich diese besondere Genialität hauptsächlich in Gesprächen. Und hier habe ich niemals einen Menschen getroffen, der zwei völlig verschiedene Formen von Unterhaltung dermaßen ausreizte. Die eine, die in der Regel stattfand, wenn mehrere ihr nicht nahestehende oder unbekannte Personen anwesend waren, war reine Konversation, voller stereotyper, milieubedingter Wendungen, in vollkommener Mißachtung der Möglichkeit, daß sie eventuell wiederholte, was sie bereits hundertmal gesagt hatte, gleichgültig der Tatsache gegenüber, daß Personen dabei waren, die das alles in- und auswendig kannten, ein Zirkusritt, förmlich eine Revue erprobter Geistreicheleien und Paradoxa, Anekdoten und alter Geschichten. Jedem passiert es mit dem Alter, daß er sich wiederholt, in der Regel jedoch ungern oder ungewollt – hier wirkte es bewußt, als ob es ihr komplett gleichgültig wäre. Damit mußten die Leute sich abfinden, wenn sie sich mit ihnen abfinden sollte. Zuweilen war es, als ob sie es vorzöge, sich von den eigenen Wiederholungen ermüden zu lassen, die wenigstens aus ihrem Kosmos waren und anderen etwas sagen konnten, als von den Gleichgültigkeiten anderer. Sie sprach dann rücksichtslos und fast ununterbrochen über die Köpfe der Leute hinweg. Diese Art Unterhaltung faszinierte mich auf ganz eigene Art, wobei ich den Inhalt kaum begriff, nur die Person und es zuweilen als eine fast ergreifende Schamlosigkeit empfand, wenn ich bedachte, wie sie sonst reden konnte – ihre zweite Art des Gesprächs. Dennoch schien es mir manchmal, ich verstand es, es bedeutete eine Art Schutz, es mußte das sein, was sie auch unter »dem Teufel die Zähne zeigen« verstand. Das, was sie in ähnlichen Situationen auch von mir erwartete, was allerdings außerhalb meiner naturgegebenen Möglichkeiten lag.

Es gibt bekanntlich zwei Arten von Witz. Den, der aus der Wiedergabe komischer Situationen besteht, dem Nacherzählen von Witzen, Anekdoten und allerhand Histörchen. Und dann den Witz, der unmittelbar der Situation entspringt, nagelneu und nie zuvor gesagt. Beide Genres beherrschte Tania Blixen bis zur Vollkommenheit, aber letzteres war es, was die zweite Form des Gesprächs prägte, und nicht nur der Witz, sondern alles darin entsprang der Situation. Dieses Gespräch war darum auch langsam lauschend, konzentriert, gleichsam überwacht von ihren großen, unverwandten, aufmerksamen Augen und, wie schon erwähnt, von langen, zögernden Pausen erfüllt. Sie sah dann manchmal aus, als ob sie alles wüßte, und gewissermaßen war das auch so – als ob es ihr nach menschlichen Maßstäben nur möglich war, diese Fülle tropfenweise mitzuteilen, in Bruchteilen, graduell und sukzessive. Geschah es aber, daß sie sich einem gleichsam über ihre Kräfte Gehenden oder Geheimnisvollen gegenübersah und sich damit begnügte zu sagen: »Ich weiß es, ich weiß es«, so zweifelte ich daran nicht. Sie hatte dann etwas Sibyllinisches an sich, etwas Nornenhaftes, als ob sie, wenn das Gespräch sich um jemandes Vorhaben oder Möglichkeiten drehte, dessen Lebenslauf überdächte oder vorhersähe. Diese Fähigkeit konnte sich auch konkreter, handfester ausdrücken. Tatsächlich war es so, daß sie in Zeiten sehr engen und intensiven Kontakts nicht nur wußte, was ich dachte und fühlte, wenn ich woanders war, sondern ganz genau, wo ich gewesen war und was ich getan hatte – und mir dies mitteilte. Jedoch nicht einfach, um es mir zu erzählen, sondern als Glied in so einem Gespräch, das dann weiterging, als ob es nichts Besonderes wäre oder jedenfalls auf einer Linie mit allem anderen innerhalb des Themas, das behandelt wurde, und zweifellos war es auch so für sie, während mir dann leicht benommen zumute war wie nach einem elektrischen Schlag. Man wurde nicht bloß beschützt, sondern, so kam es einem vor, auf übernatürliche Art überwacht.

Für diese Gespräche galt auch, daß Tania Blixen sich ungewöhnlich anschaulich erklärte, soweit wie möglich Begriffe und Abstraktionen umging, diese jedoch nicht durch übertriebenen Bilderreichtum ersetzte, wie es sonst oft geschieht. Sie konnte mit überraschender Einfachheit über sehr komplizierte Dinge sprechen, wie es wohl immer Sache der Weisen gewesen ist, und genau wie die meisten von ihnen bald mit hinterlistig-höflichem Respekt, bald mit ausgesprochener Verachtung gegenüber Gelehrtheit und Kompliziertheit. Einfach und tiefsinnig in einem. Solche Aussagen sollten unmittelbar im Leben angewendet werden können, nicht in einem Lehrbuch. In diesen aus der Situation geborenen Gesprächen, der mündlichen Unmittelbarkeit, gab es Momente, in denen ich sie weiser fand als in allem, was sie geschrieben hatte, und sie sprach dann auch, als hätte sie nie etwas geschrieben, während sie bei anderen Gelegenheiten häufig auf »Afrika, dunkel lokkende Welt« oder ihre Erzählungen hinwies. Wenn ich vergleichsweise wenig über diese Gespräche berichte, dann weil durchgängig sehr fragmentarisch ist, woran ich mich erinnere. Es ist wie mit den tiefen Träumen oder den weisen Büchern, auf die man wieder und wieder zurückkommen muß, von denen man nur ungefähr etwas behält und sich des starken Eindrucks erinnert, weil man in seinem gewöhnlichen Leben ganz und gar nicht auf ihrer Höhe, nicht selbst weise ist. In der Regel schrieb ich sie nicht nieder, weil ich, während sie stattfanden, teils davon überzeugt war, daß ich sie für immer behielte, und teils etwas in mir gegen eine solche Niederschrift protestierte, als ob sie dem Gesagten die tiefere Wirkung und Erfaßbarkeit raubte.

Es gehörte natürlich einiges dazu, der Partner in solchen Gesprächen zu sein. Es geschah, daß die gestrenge Partnerin glücklich und zufrieden war, aber auch, daß ich ernstlich bestraft wurde, war sie es nicht. Und zwar an Punkten, an denen es mir nie passiert war und wo ich es darum nicht im mindesten erwartete, weil ich ganz einfach nicht begriff, daß irgend etwas Vorwurfswürdiges daran war. Dann begriff ich es. Lassen Sie mich ein typisches Beispiel nennen. Es überkam mich zuweilen ein großer Zwang zu lachen, ohne äußere Ursache oder Anlaß. Es war gleichsam ein grundloses, unermeßliches organisches und geistiges Wohlbefinden, das sich ausdrücken mußte. Ich fühlte eine mächtige Lachblase in mir aufsteigen, und damit das Lachen nun nicht total unmotiviert wirkte, beeilte ich mich, das eine oder andere oft höchst zufällige, kritiklos Komische zu sagen – und dann lachte ich aus ganzem Herzen. Wohl wußte ich, daß man nicht über seine eigenen Witze lachen soll, und habe jene immer beneidet, die sie mit ungerührtem Pokergesicht von sich geben können. Das also konnte ich nicht, aber das Eigentliche bei der Sache war etwas anderes, und das hatte die Baronesse offenbar erkannt.

Sie konnte bestens mitlachen in meinen Exzessen, aber eines Tages, als es besonders armselig gewesen sein muß, sagte sie mißbilligend und todernst: »Hören Sie, Magister, wenn Sie schon so einen zügellosen Drang verspüren zu lachen, so sollten Sie wirklich, ja so schulden Sie mir, sich etwas Komisches einfallen zu lassen, damit es für uns andere auch einen Grund gibt, uns zu amüsieren und an dem Spaß teilzunehmen, wenn Sie nun partout Lust zu lachen haben. Sie sollten sich die Mühe machen, sich etwas einfallen zu lassen, damit wir auch lachen können, anstatt uns zu langweilen.« Solche Zurechtweisung hatte ich bislang nicht erlebt und nicht erwartet. Ich schämte mich zu Tode und habe mich seither wirklich angestrengt, ja fast einen bedingten Reflex entwickelt, etwas zu sagen, das auch nur annähernd der unversehens aufsteigenden Lachblase entspricht. Es währte einige Zeit, bevor ich es wieder wagte, witzig zu sein, zumindest in ihrer Gegenwart. Wenn ich mich daran so deutlich erinnere, obwohl es im Verhältnis zu wichtigeren Themen unter die Bagatellen fällt, ist es wohl deshalb, weil Glückliches oder Schmerzliches eher als Zustand, als Element, in dem man ist, erinnert wird, während man Peinliches als etwas Isoliertes, scharf Konturiertes behält, etwa wie Polypen ohne Betäubung herausgenommen bekommen.

Übrigens duldete Tania Blixen schlechtes Gedächtnis in diesen Gesprächen nicht. Auch hier stellte sie unerwartete Anforderungen an einen. Bei einem Gespräch über Denys Finch-Hatton, sein Naturell und seine Verfassung bei Tania Blixens Weggang von Afrika, eine

Verfassung, die vielleicht zu seinem Absturz und Tod beitrug – der nie aufgeklärt wurde und wohl auch kaum je aufgeklärt werden wird –, sagte ich, daß etwas daran mich an Goethes Gedicht »Selige Sehnsucht« erinnere. Als sie das Gedicht, das sie nicht kannte, hören wollte, fragte ich, wo Goethes Werke stünden. Sie antwortete, daß sie sie nicht habe, weil sie Deutsch weder verstehe noch lesen könne. Was nicht ganz stimmte, denn sie konnte verschiedenes auf deutsch zitieren, zum Beispiel ganze Passagen aus Heine, den sie schätzte und weit über Goethe stellte, während es mir umgekehrt ging. Sie zog mich damit auf, ihn »Ihr Goethe, dieser petit maître« zu nennen. Da saß ich, gewohnt nachzuschlagen, wenn ich mich an etwas nicht erinnerte, ohne Hilfsmittel. »Versuchen Sie, ob es Ihnen nicht doch einfällt.« Ich versuchte, aber es ging nicht. In dem Moment kam Clara herein und sagte, da sei ein Anruf für die Baronesse. Sie erhob sich, sah mich scharf und gereizt an und sagte: »Wenn ich zurückkomme, können Sie das Gedicht.« Es stimmte. Als sie ein paar Minuten später wiederkam, konnte ich es tatsächlich.

Nicht, daß Tania Blixen der Meinung war, man solle Hilfsmittel verschmähen, wenn sie wirklich gebraucht wurden, und mußte es sein, benutzte sie mit großem Fleiß und Pedanterie Nachschlagewerke und Lexika, sowohl Clara als auch ich wurden oft genug nach ihnen geschickt. Aber sie fand nun einmal, daß diese Generation dem Laster der Bequemlichkeit verfallen war, auf ungebührliche, verweichlichte Art Schwierigkeiten scheute, deren Überwindung ihr größere Einsicht und Erfahrung brächte. Dies führte dazu, daß ich zu Beginn unserer Bekanntschaft folgende Widmung in mein Buch über Martin A. Hansen aus dem Jahr 1949 schrieb: »An T.B. mit Dank für die anregende Lehre, daß es gilt, dort zu springen, wo der Zaun am höchsten ist.« Da sie mich von dieser unbeholfenen Seite noch nicht kannte, war sie sehr irritiert und ziemlich gekränkt, fand es keine Spur komisch, sondern fragte mich, was ich meinte. Ob ich zum Beispiel glaubte, sie würde jemandem raten, über einen Zaun zu springen, wo er am höchsten ist, wenn ein wutschnaubender Stier hinter dem Betreffenden her wäre? – Was nun das Gedächtnis betraf, war sie der Meinung, daß der häufige Gebrauch von Büchern und die Abhängigkeit vom gedruckten Wort es abstumpften, daß man es schärfen würde, wenn man sich angewöhnte zu versuchen, was in einem Buch steht zu behalten, anstatt gleich nach ihm zu greifen, wenn man etwas daraus braucht. Überhaupt könnten wir uns an sehr viel mehr erinnern, als wir glaubten, sagte sie. Sie hätte in Afrika unter Menschen gelebt, deren Gedächtnis ganz ohne Bücher auskommen mußte. Selbst hatte sie ein phantastisches Gedächtnis, konnte nicht nur hier und da eine Strophe zitieren, sondern richtig lange Gedichte ohne ein einziges Zögern oder eine Unsicherheit, auch ganze Passagen aus der Bibel, dem Koran und den Dichtungen Homers. Im nachhinein ist mir klar geworden, daß auch dies dazu beitrug, die Gespräche so zusammenhängend und intensiv zu machen, daß nie eine störende Unterbrechung eintrat, weil man Zeit brauchte, etwas in einem Buch zu suchen. Ihre unbeugsame Forderung, etwas zu behalten, sich im Erinnern zu üben anstatt gleich aufzugeben, schärfte mein Gedächtnis, und oft verblüffte und beeindruckte mich in den Gesprächen, an was alles man sich tatsächlich erinnern kann, wenn es darauf ankommt.

Daß Tania Blixen sich in hohem Maße des Stellenwerts und der Dimension dieser zweiten Art von Gespräch bewußt war, ging aus ihrer Beschäftigung mit der Urform dieses Gesprächs hervor, nämlich dem Symposion. Heutzutage ist das zu einem ziemlich mißbrauchten Ausdruck für Debatten oder Diskussionen geworden, die man zu mehr als einem Austausch stereotyper, vorgefertigter Meinungen machen möchte, aber Tania Blixen hatte immer ganz buchstäblich Platons »Symposion«, Platons »Gastmahl« vor Augen. Von diesem Ideal ausgehend, versuchte sie zuweilen, Zusammenkünfte mit sehr unterschiedlichen Menschen in Rungstedlund zu arrangieren, zum Beispiel über christliche Religion, aber wenn es sie auch fesselte, war sie doch bei weitem nicht zufrieden damit. Der Zufall wollte es, daß ich bei so etwas nie dabei war, aber ich hatte den Eindruck, daß sie am meisten davon hatte, wenn ganz wenige zugegen waren, am allermeisten unter vier Augen.

Statt dessen dichtete sie sich Symposien zusammen. Sie setzte sich dann hin, sah mich erwartungsvoll an und sagte: »Wenn wir uns nun ein Symposion ausdenken und frei unter allen jetzt Lebenden und allen Toten wählen könnten, wer sollte dann dabei sein?« Nachdem ich eine Weile nachgedacht hatte – der Gedankenstrich der langen Pause war ja ganz normal in diesen Gesprächen geworden, auch meinerseits –, sagte sie:

»Also, Propheten wollen wir nicht dabei haben, denn mit denen kann man nicht sprechen. Die wollen nur reden und nicht zuhören, also taugen sie nicht für ein Symposion, wenn sie auch sonst noch so viel für die Menschheit bedeuten. Moses oder Mohammed oder Grundtvig werden also nicht eingeladen. Aber Goethe muß dabei sein, es muß herrlich sein, mit ihm zu reden. Und er wird sehr gut zuhören, wenn andere etwas sagen.« Ich war über die Maßen erfreut, daß mein petit maître auf diese Weise Gnade fand, ja mehr als das, und da mir jetzt klar wurde, welch illustre Gesellschaft in dem Spiel zusammenzusetzen war, um welche Qualitäten es ging, fiel mir Poul Martin Møller ein, mit dem zusammen zu sein ich mir immer wunderbar vorgestellt hatte, etwas, woran ich in Verbindung mit anderen Dichtern, die ich höher einschätzte, normalerweise nicht dachte. Tania Blixen nickte und fügte hinzu: »Ja, und Ewald, wenn er nicht allzu betrunken ist, und nur der Kavarier Evard.« (Ewald konnte bekanntlich kein L sprechen, wenn er voll war.) Sie nannte auch Goldschmidt und Sophus Claussen als Möglichkeiten, und Niels Bohr und Franz von Assisi, denn sie bestand darauf, daß es nicht lauter Dichter wären und daß wir bedenken sollten, ob die Betreffenden sich auch etwas zu sagen hätten. So plante sie auch reale Zusammenkünfte – da es nun aber keine Grenzen gab, schlug ich Laotse und Litaipe vor. Dieses hybrid-extravagante Gesellschaftsspiel, das mit Unterbrechungen immer wieder aufgenommen wurde, diente wohl am ehesten dazu, einen Begriff von ganz bestimmten menschlichen Eigenschaften herauszukristallisieren, nicht die herausragenden und maßgeblichen, sondern die unmittelbarsten und faszinierendsten, psychisch produktiven im intimen geistigen Zusammensein. Das hatte gewiß etwas mit der Art von Genialität zu tun, die sie repräsentierte und die ich einleitend zu charakterisieren versuchte: nicht Apostel (um Kierkegaards Unterscheidung zu gebrauchen) und nicht Weiser, aber z. B. im menschlichen Zusammensein zu einer »erhabeneren Liebenswürdigkeit« sich entfaltend (soweit ich mich an Eckersbergs Definition von Kunst erinnere, die Tania Blixen sehr gern zitierte).

Das Symposion, die zweite Art von Gespräch, das in einer festlich-liebenswürdigen, erotisch betonten Atmosphäre stattfand, war für Tania Blixen ein Mittel zu höherer Einsicht, als jedem Menschen für sich allein zu erreichen normalerweise vergönnt ist. Ganz so wie sie es in »Nächtliches Gespräch in Kopenhagen« schildert, einer eindeutig nach Art eines Symposions komponierten Erzählung über ein erdachtes Treffen zwischen Johannes Ewald und dem geisteskranken König Christian VII. Nachträglich ist mir klar geworden, daß sie daran in dem Zeitraum, in dem wir uns speziell mit dem Wesen des Symposions beschäftigten, arbeitete. Tania Blixen ließ mich schon früher verschiedene Geschichten aus den späteren »Schicksalsanekdoten« und »Letzten Erzählungen« im Manuskript lesen und wünschte meine Meinung zu hören – auch fachlich und kritisch. Bei einem neuerlichen Septemberaufenthalt in Rungstedlund im folgenden Jahr 1951, bei dem Tania Blixen am anderen Ende des Hauses krank im Bett lag und wir, da sie keinen Besuch wünschte, brieflich miteinander verkehrten, bekam ich »Nächtliches Gespräch« mit folgendem Begleitbrief überreicht:

Lieber Magister,
wenn ich Ihnen nach vielen Bedenken »Nächtliches Gespräch in Kopenhagen« übergebe – ist das kein literarisches Unternehmen. Die Geschichte kommt nicht von Verfasser zu Verfasser, um ein Urteil über Naturbeschreibungen, Repliken oder ethische Haltung einzuholen. Sondern Sie bekommen es, weil wir gute Freunde sind, ebensogut könnten Sie einen Strauß Rosen oder einen Kuß von mir bekommen.

Als Tania Blixen wieder gesund genug war, daß wir einander zu einem Abendessen sehen und über die Erzählung sprechen konnten, an der ich wirklich meine Freude hatte wie an einer Sphärenmusik oder einem kühnen Vertrauensbeweis, einem fernen Echo wunderbarer Gespräche, einer Verklärung und Vollendung wiederkehrender Themen, sagte sie, daß etwas darin fehle und sie wünsche, ich würde ihr helfen, diesen Mangel zu beseitigen. Es ging um Ewalds/Yoricks letzte Replik an den König, die metrisch enden sollte, in einem erhabenen, klaren Odenrhythmus wie beispielsweise in Ewalds »Ode an meinen Moltke«. Sie habe es wieder und wieder versucht, ohne daß es ihr gelungen wäre, aber sie sei davon überzeugt, daß es mir gelänge. Danach zeigte sie mir die Stelle in der Erzählung, die offengeblieben war, und verschiedene Entwürfe dazu, so daß ich genau wußte, was da stehen sollte. Zum Schluß sagte sie: »Sie können es auch so betrachten, als ob Aladin dem Lampengeist befohlen hätte, den Palast zu errichten, aber – als eine besondere Gnade, und damit Sie spüren, daß es nicht jedem gegeben ist, einen solchen zu bauen – ein Fenster unvollendet gelassen hätte, damit Sie selbst merken, wie schwer es sein wird, es auszufüllen – das Gebäude aber, wenn Sie letzte Hand angelegt haben, Ihnen gleichsam seine Vollendung verdankt.« Nach dieser scherzhaft stolzen, aber auch selbstverleugnenden Courtoisie mir gegenüber und dem Appell an meine rein handwerksmäßige Tüchtigkeit und mein Talent machte ich mich augenblicklich an die Aufgabe – »das Fenster« –, die ja nicht nur metrischer Art war, sondern einen raffinierten Rhythmus und eine etwas veränderte Wortwahl erforderte. Die Erzählerin war mit dem Ergebnis Gott sei Dank zufrieden (wenn nicht, hätte ich an den Zeilen gearbeitet, bis sie es gewesen wäre), und ich habe Ursache zu glauben, daß sowohl vom »Haus der Kindheit« als auch vom »Nächtlichen Gespräch« ein Leuchten dieser glücklichsten und stärksten Stunden unseres Zusammenseins ausgeht. Es war eine natürliche Krönung unserer Mitarbeit an »Heretica«, daß wir gerade mit dieser Erzählung und diesem Gedicht zur Abschlußnummer der Zeitschrift beitrugen, als sie nach sechs Jahren einging.

Beinahe allerdings wäre nichts daraus geworden.

Gerade zu der Zeit kam nämlich Kelvin Lindemanns Buch »Ein Abend im Jahr der Cholera« unter dem Pseudonym Alexis Hareng heraus, so ausgeklügelt und frech vom Verlag angekündigt, daß man glauben mußte, es wäre ein neues Buch von Tania Blixen, ähnlich wie »Die Rache der Engel«, nur unter einem neuen Pseudonym, was dann auch in einem Rundschreiben an die Buchhändler unter der Überschrift »Streng vertraulich« mehr als angedeutet wurde. Tania Blixen war aufgebracht und zutiefst unglücklich, um so mehr, als sie dann hörte, wer der Urheber war. Mit dem hatte sie nämlich sehr viel gesprochen, und, wie sie sagte: »Er war einfach wie ein großer freundlicher Hund, der an einem hochsprang und einem die Pfoten auf die Schultern legte, so daß man beinahe umfiel.« Nun fühlte sie sich gröblich und illoyal ausgenutzt, ihr Zorn jedoch richtete sich vor allem gegen den Verlag und dessen Spekulieren mit ihrem Namen und ihren Pseudonymen und gegen die Rezensenten, die, bis auf wenige gerechte Ausnahmen, das Buch beschrieben und beurteilten, als sei es von ihr. Sie bebte vor Zorn, egal ob es gerühmt oder verrissen wurde.

Bevor dies alles geschah, hatte sie das Manuskript von»Nächtliches Gespräch in Kopenhagen« bei der »Heretica«-Redaktion abgeliefert, jetzt aber wollte sie es zurückziehen, weil sie tödlich gekränkt erklärt hatte, daß nie mehr ein einziges Wort von ihr auf dänisch herauskommen solle. Eine unangemessene, unhaltbare Reaktion, fand ich. Da die Redakteure mich baten, sie zu überreden, die Erzählung doch drucken zu lassen, und da ich im übrigen gerade einen Beitrag über die ganze Affäre schrieb, beschloß ich, den Versuch zu unternehmen und sie bei der Gelegenheit überhaupt zu der Einsicht zu bringen, daß ihre Haltung unmöglich war. Eines Nachmittags, als ich Tania Blixen besuchte, versuchte ich zu erklären, daß Ewalds Zeitgenossen ja auch gut und gern hätten glauben können, er habe »Liebe ohne Strümpfe« geschrieben, wenn es damals unter Pseudonym erschienen wäre, wie man jetzt glauben könne, sie habe »Ein Abend im Jahr der Cholera« geschrieben. (Zu der Zeit war der Verfasser noch unbekannt.) Das war ihr nur ein geringer Trost. Daß man es *überhaupt* glauben konnte! Und *warum* tat jemand das? Da ich dazu nichts zu sagen wußte, konstatierte ich statt dessen, daß dies jedenfalls nicht der Anlaß dafür sein dürfe, nichts mehr auf dänisch zu schreiben. Hatte doch Mozart bei Gelegenheit gesagt, als man ihn fragte, wie er seine Verleumder, Neider und herabsetzenden Kritiker widerlegen wolle: »Ich höre es nicht, ich werde sie mit neuen Werken widerlegen.«

Schließlich fragte ich sie, ob sie nicht trotz allem glaube, daß mehr Überlegenheit und gesunde Vernunft in Mozarts Haltung liege, ob es nicht ein sehr viel vergnüglicherer und produktiverer Gedanke sei, statt eine ganze Nation für die Missetaten von ein paar wenigen büßen zu lassen, weiterzumachen und zum Beispiel »Nächtliches Gespräch« als eine einzige unwiderlegbare, wunderbare Antwort in »Heretica« erscheinen zu lassen. Als sie verbittert nein sagte, erklärte ich scherzhaft, daß ich ihr meine vollkommene Solidarität erweisen würde, indem ich »Haus der Kindheit« ebenfalls aus »Heretica« zurückziehen, ebenfalls nichts mehr auf dänisch veröffentlichen würde, bevor sie es täte. Bei diesem Vorschlag besserte sich ihre Laune, schließlich dankte sie mir, daß ich Mozarts Beispiel zur Nachahmung empfohlen hatte. So also endete dieses Gespräch, und beide Beiträge fanden sich in »Heretica«.

Zu der Zeit, besonders direkt nach dem Aufenthalt in Rungstedlund, gab es eine ungeheure Reibung in meinem Innern – in mir war ein Konflikt zwischen der Gewißheit darüber, was ich wollte, und der Ungewißheit über die Mittel, es zu realisieren. Tania Blixen hatte ein scharfes Auge für diesen Konflikt und stellte sowohl mündlich als auch brieflich immer wieder fest: »Du hast viel Sorge und Mühe, eins aber ist not.« Während eines Auslandsaufenthalts, als die Dinge nach einer schwierigen Zeit für mich eine günstigere Wendung nahmen, schrieb sie gar: »Verdeutlicht man sich mit genügend Autorität, daß eines not tut, fügen sich alle Dinge fein säuberlich dem Befehl, ja, sie stehen stramm und warten auf weitere Anweisungen.« Das stimmte auch. Jedenfalls in jener Situation. Aber längst nicht immer.

Tania Blixen kannte sehr wohl die Mittel, das eine Notwendige in *ihrer* Welt zu realisieren, hatte aber zuweilen nicht die geringste Vorstellung davon, was not tat, es in meiner zu realisieren. Hindernisse wollte sie nicht akzeptieren, forderte, daß man wenigstens »das Herz über die Hürde« werfen solle, wie sie sagte. Das half, viele eingebildete Hindernisse aus dem Weg zu räumen oder sie zu überwinden, aber die realen und unüberwindlichen wollte sie auf dieselbe Art behandeln, sowohl meine als zuweilen auch ihre eigenen, und daraus erwuchs viel Unglück. Und es gehörte zu ihrer Genialität, daß sie dies zeitweise sehr wohl durchschaute. Ebenso wie sie einen durchschauen und wissen konnte, was das eine Notwendige für einen war, konnte sie klagen: »Ich weiß, das geht nicht gut aus, was ich auch tue, es zu verhindern. Was ich mir vornehme, geht nie gut aus. So ging es, als ich einen meiner Leute aus Afrika mit hierher nahm, und was ich mit Ihnen vorhabe, wird auch nicht gut ausgehen. Ich kann nicht lassen zu versuchen, was sich nun einmal nicht machen *läßt.*« Später schlug sie das in den Wind. Aber sie hatte recht. Es ging nicht gut aus.

Unschlüssiges Frühjahr

Nachdem ich zu meiner Familie nach Sletten zurückgekehrt war, verabredeten Tania Blixen und ich, daß ich sie einmal die Woche oder zumindest alle vierzehn Tage besuchen solle. Ich kam dann manchmal schon am Nachmittag, wenn wir etwas Bestimmtes zu besprechen hatten oder sie mir etwas Besonderes zeigen wollte. Das galt zum Beispiel für die »Daguerreotypien«, bei denen sie mich um meine rückhaltlose Meinung bat, die ich ihr also auch sagte, mal zu ihrer großen Wut, als ich einzelne Punkte kritisierte, mal würdigte sie dankbar meine »ehrliche Kritik und mein gutes judgement«. Abendessen gab es im grünen Zimmer, wo ich drei Monate lang gearbeitet hatte, und es war kein anderer dabei. War dies der Fall, fand es im anderen Flügel des Hauses statt. Hier saßen wir allein und vertraut bei gutem Essen und mit einer Flasche Rotwein auf dem Tisch. Von der trank Tania Blixen nur ein einziges Glas, um mir gemessen und rituell zuzuprosten, ich den Rest. Sie aß auch nicht viel. Ich aber wurde nun für vollkommen gesund gehalten, was ich wahrhaftig auch war, also genoß ich die Wohltaten in fester und flüssiger Gestalt. Statt um neun ins Bett gelegt zu werden, gab es hinterher sogar Kaffee und für mich das Schnapsschwein voll Cognac, das ich danach gründlich und verzückt leerte. Bei solcher Gelegenheit war das Gespräch ganz plan- und absichtslos – ein wildwachsendes, üppiges Symposion, bei dem ich selig berauscht bisweilen redete wie ein Wasserfall und Dinge aussprach, auf die zu stoßen ich sonst tief graben mußte, geleitet von einer magnetischen Klarheit oder plötzlich unterbrochen vom Blitz der Seligkeit, der einschlug und mein ganzes Wesen blendete. Und das Merkwürdige war, daß Tania Blixen, ohne etwas anderes zu trinken als ein wenig Wasser und Kaffee, mich in den Rausch buchstäblich begleitete, hochgestimmt-aufmerksam oft, und mehr lachte als sonst, mir durchs Haar fuhr, wenn sie an mir vorbeiging, um etwas zu holen oder zu ordnen, schreckliche oder herzliche Sachen sagte und – während mein ganzes Wesen stumm war und Ohr – Erinnerungen und Geschichten erzählte und sich in Phantasien stürzte mit dem Refrain aus den »Daguerreotypien«: »Ich stelle mir vor, denn man kann sich alles ja mögliche vorstellen.« Diese hier waren jedoch grotesker. An einem solchen Abend erzählte sie zum ersten Mal von ihrer Ehe, etwas, was sie sonst nur gestreift hatte, charakterisierte ihren Mann und sagte am Ende: »Im übrigen habe ich ihn genauso, wie er war, in ›Die Träumer‹ geschildert. Ich sollte nichts haben, nein, er gönnte mir nichts Eigenes, und er wußte erst, was er wollte, wenn ich wußte, was ich wollte. Ja, das ist Baron Gyldenstierne.« Oder sie stellte sich vor, was wir tun würden, was uns einfiele, wenn wir zu den Shakespeare-Festspielen nach Stratford-on-Avon reisten. Überhaupt dachte sie sich sehr gern Reisen aus.

Aber sie bekam auch plötzlich, anscheinend unmotiviert Anfälle von Schwermut. Dann spielte sie vorzugsweise Lieder aus Schuberts »Winterreise«, besonders die gegen Ende: »Der Wegweiser«, »Die Nebensonnen«

und »Der Leiermann«, lauschte wie berauscht von Melancholie und murmelte, wenn die Platte mit »Der Wegweiser« zu Ende war, vor sich hin: »Habe ja doch nichts begangen/Daß ich Menschen sollte scheun? Oder habe ich?« fragte sie düster. Und in »Der Leiermann«, diesem äußersten Ausdruck grundloser Preisgegebenheit, eigensinniger Verlassenheit und Selbstverstoßung an den Rand des Daseins, irgendeines verlorenen Schicksals, in Zeilen wie diesen:

Keiner mag ihn hören,
keiner sieht ihn an,
und die Hunde knurren um den alten Mann.

fand sie sich selbst wieder und sagte: »Hören Sie nicht, sehen Sie nicht, das bin ich.« Dem entsprach auch ihre eingebildete Identifizierung mit dem verlassenen König Lear. Dennoch ging noch etwas anderes in ihr wunderliches Zitatenmosaik ein. So liebte sie Uhlands und Schuberts »Frühlingsglaube«, und wenn sie es gehört hatte, nickte sie oft hoffnungsvoll bestätigend, wiederholte den Refrain: »Nun muß sich alles, alles wenden«, als gälte das auf geheimnisvolle Weise sowohl ihr als auch mir und dem, was wir vorhatten. »Finden Sie nicht, daß das eine wundervolle Zeile ist: ›Es blüht das fernste, tiefste Tal‹? Denys und ich waren uns darin einig, daß es ein bestimmtes Tal war, das wir von der Farm aus sehen konnten. Das fernste, tiefste Tal gleich nach der Regenzeit. Manchmal, wenn wir zusammen sind, scheint es mir wie ein Echo aus jener Zeit, schwächer, aber das gleiche, das gleiche«, sagte sie an einem dieser Abende im Vorfrühling. So schwankte sie zwischen großer Erwartung und äußerster Mutlosigkeit.

Wenn ich schließlich im Schlafzimmer nebenan zu Bett ging, blieb sie im Zimmer sitzen, und wenn ich dann in meinem glückseligen Rausch benebelt ausgestreckt unter der kühlen Bettdecke lag, öffnete sie die Tür und legte eine Platte auf. Manchmal schlief ich zur Musik ein, manchmal hörte ich sie ganz leise die Platte herunternehmen, das Grammophon schließen und die Tür zuschieben. Am nächsten Morgen ging ich meistens nach Hause, ohne sie zu sehen, aber es kam auch vor, daß ich zum Mittagessen blieb. In der Regel waren dann auch andere dabei. Mein Dasein hatte seine Schwer- und Ruhepunkte gefunden, in Rungstedlund und in Sletten, wo ich ein nach Osten gehendes Arbeitszimmer mit der Krone eines Lindenbaums davor hatte – und meine Familie. Ich fühlte mich in jeder Hinsicht begünstigt und konzentrierte mich rücksichtslos auf neue Gedichte.

Es ergab sich nun, daß die Universität Kopenhagen Anfang 1951 ein Stipendium für einen Studienaufenthalt im Sommersemester an der Universität Bonn ausschrieb, ähnlich dem, das ich für Paris beantragt und bekommen hatte. Ich wurde aufgefordert, mich zu bewerben. Da ich Tania Blixen alles erzählte, was mich betraf, erwähnte ich auch das, dachte aber ansonsten nicht daran, es zu beantragen, da es meinen Plänen für das Jahr in jeder Hinsicht zuwiderlief. Doch Tania Blixen war Feuer und Flamme und der Meinung, es wäre das einzig Richtige, mich zu bewerben, daß ich nicht verantworten könnte beziehungsweise nicht bei Trost wäre, ein derartiges Angebot auszuschlagen, ja, daß es ein Zeichen sein müßte, wenn nicht gar ein Wink der höheren Mächte, daß es gerade in diesem Moment kam. Ich verspürte nun allerdings nichts dergleichen und war außerstande, ihre Begeisterung für das Projekt zu teilen, aber daß sie sich ihrer Sache so sicher war, beeindruckte mich natürlich. Mir kamen Zweifel, und ich sagte es. Bei einem Besuch kurz darauf legte mir Tania Blixen folgendes Formular vor:

Ritual bei einer Entscheidung

Ich ... fasse diesen Entschluß ernsthaft, als ein ehrlicher Mensch. Jedweder späteren Reue oder jedwedem Zweifel betreffs meines Entschlusses entsage ich und schließe sie aus, indem ich ernsthaft und redlich ablehne und verweigere, hiernach jemals zu dem Gedanken an eine Alternative zurückzukehren.

So wahr mir Goethe, Rilke und Hölderlin helfen.

Ich halte und bewahre in meinem Bewußtsein ernsthaft und redlich die Gewißheit, daß dieser mein Entschluß in der Praxis von überaus geringer Bedeutung ist und sein wird.

...............d. 19

Mit seiner eindringlichen Feierlichkeit, seiner wiederholten Forderung nach Ernst und Redlichkeit, die einem ja zu denken gibt, wie es wohl damit bestellt ist bei dem Menschen, für den ein solches Formular bestimmt ist, mit seinem Galgenhumor, der genausogut Ausdruck eines unfaßbaren Überlegenheitsgefühls wie besonnener Bescheidenheit sein konnte – sagte es unendlich viel über Tania Blixen, aber etwas auch über mich, es war also nicht einfach eine Projektion. Dies galt namentlich für den ersten Teil, der, wenn er ernsthaft und redlich genommen wurde, gewiß ein heilbringender Schachzug gegen Wankelmut und die Gefahr der Reue sein würde, die uns beide, jeden nach seiner Natur, in Entscheidungssituationen beherrschten und die Neigung hervorriefen, jeden Entschluß zu widerrufen und als verkehrt anzusehen, wenn das Ergebnis nicht sofort oder jedenfalls sehr schnell den Erwartungen entsprach. In Wirklichkeit eine unmäßige Anspruchshaltung gegenüber dem Dasein, allerdings dadurch kaschiert, daß es nicht die gewöhnliche, wohlbekannte Forderung nach Reichtum und Karriere war, sondern nach Erfüllung, nach Freundschaft und Abenteuer, Erleben und Liebe, Erkenntnis und Inspiration, eine Anspruchshaltung ontologischer Art. Sie war zwar nicht ohne weiteres Ausdruck eines niedrigen Charakters, brachte aber dennoch, bei den unweigerlichen Enttäuschungen, so etwas wie einen Charakterfehler hervor, einen irregeleiteten, zornigen Anspruch, der sich mal als Zwang beziehungsweise Despotie gegenüber der Umwelt äußerte, mal zu Bruch und Isolierung führte, sich mal als fieberhafte Ruhmessucht, mal als Ruhelosigkeit und Verlangen nach Veränderung um jeden Preis zeigte, je nachdem, mit welchem Naturell er eine Verbindung einging. Wie dem auch sei, Tania Blixen war zwar Seelenkennerin genug, um zu wissen, daß die Diagnose in dem Formular mich treffen mußte, nicht aber, daß ich den letzten geistreichen Passus benutzen würde, um tatsächlich die Entscheidung zu fällen, die mir und nicht ihr genehm war.

Da ich es immer noch vollkommen sinnlos fand, den Prozeß, in dem ich mich befand, wegen eines nach meiner *ehrlichen* Meinung zufälligen äußeren Anlasses abzubrechen, der in das, was ich vorhatte, nirgendwo hineinpaßte, beschloß ich noch einmal, eine Bewerbung zu unterlassen. Das sagte ich ihr. Das Formular allerdings unterschrieb ich nicht, in dem Gefühl, es würde sich sonst von einer Weisheit, an der zu messen ich mich nicht verpflichtet fühlen mußte, in eine Eidesformel verwandeln, die ich beim besten Willen nicht brechen könnte. Nun aber zeigte sich, daß *sie* nicht daran festhalten konnte, daß mein Entschluß in der Praxis »von überaus geringer Bedeutung« sei. Sie war tief enttäuscht und mein – in ihren Augen falscher – Entschluß führte zu einer Spannung zwischen uns, die mich total überraschte. Die Baronesse geriet deutlich in einen Konflikt mit sich selbst. Einerseits war sie der sicheren Überzeugung, daß ich nach Bonn gehen sollte und mußte, andererseits mußte sie akzeptieren, daß ich nicht wollte, wie unverständlich ihr das auch vorkam. Meine idiotische Ablehnung war eine Kränkung beziehungsweise Widerrede, ein unbegreifliches Dementi ihres geheimen Wissens über mich, auf das sie reagieren mußte. Kurze Zeit darauf, am 7. 3. 51, erhielt ich folgenden Brief:

Lieber Magister,
verzeihen Sie mir diesen Brief und fassen Sie ihn nicht als einen Bruch der Bedingungen auf. Ich bin vollkommen davon überzeugt, daß Sie Ihren Entschluß als ehrlicher Mensch getroffen haben, von festester Überzeugung geleitet. Dies werde ich immer von Ihnen glauben und habe es ja darüber hinaus versprochen beziehungsweise mein Wort darauf gegeben. In meinen Gedanken ist also kein Zweifel.

Aber ich selber bin schwach oder mein Verstand ist ein wenig getrübt – ich kann mir Ihren Entschluß nicht erklären. Ich glaube, Sie könnten es mir erklären. Würden Sie es aber tun, wäre es ja wirklich ein Bruch einer der Bedingungen: niemals zu dem Gedanken an eine Alternative zurückzukehren. Lassen Sie uns darum mit einem Wiedersehen ein wenig warten. Vielleicht bekomme ich so eine Inspiration, die zur Einsicht führt. Oder ihre Arbeit wird mir die vollste Erklärung geben.

Ich wünsche alles erdenklich Gute der Welt für diese Ihre Arbeit – wie für Ihre volle Zufriedenheit mit dem Dasein –, die *nicht* von meiner Verblendung affiziert werden *kann*.

Ich hätte mich an letzteres halten und auf eigene Verantwortung und mit dem Risiko für unsere Beziehung meinen Weg weitergehen sollen. Das aber tat ich nicht. So hochgespannt, wie die Beziehung war, und mit dem Gedanken an den Pakt hatte ich nicht die Nerven, die unverkennbare Enttäuschung und Mißbilligung zu ertragen, die trotz aller Beteuerungen aus dem Brief sprachen, um derentwillen es gerade dieser Beteuerungen bedurfte. Darüber hinaus stand ich während eines Besuchs auf der Ewaldhöhe und dachte, daß die Norne beziehungsweise Kamöne es ja ein für alle Mal besser wissen müsse als ich und es töricht sei, sich dagegen aufzulehnen. Folglich änderte ich meinen Entschluß und bewarb mich. Als Antwort auf meine Entscheidung schrieb Tania Blixen, daß sie und Clara begeistert gewesen wären und auf Denys Finch-Hattons altem Grammophon die Marseillaise gespielt hätten. Aber es gab weniger Grund zu jubilieren, als sie ahnen konnte.

Gewiß war ich froh über ihre Freude, aber, wie gern ich auch wollte, über den Entschluß weniger. Ich begriff immer noch nicht, warum es so wichtig für sie war, so wichtig für mich sein sollte, und konnte bloß hoffen, es irgendwann zu verstehen, wenn er ins Werk gesetzt war. Es war das erste Mal, daß ich ihrem Rat, ihrer Anregung folgte, ohne selbst mit dem Herzen dabei zu sein. War ich das nicht, pflegte ich sonst nein zu sagen, und dabei war bisher nichts passiert. Ich wurde wieder eingeladen, und Ende April und Mai, während meine Frau im Krankenhaus lag, wohnte ich erneut einige Wochen in Rungstedlund, dichtete und schrieb an einer seit langem geplanten Dissertation über die Vorläufer der modernen Lyrik, eben jener, an der ich in Bonn arbeiten sollte.

Gerade zu der Zeit gab es im Land eine größere Debatte über Tierversuche, die uns beide sehr beschäftigte. Während unserer Gespräche über Tiere waren wir oft auf die rücksichtslose Mißachtung der heutigen Gesellschaft gegenüber Eigenart und Integrität der Tiere gekommen, sei es der Tiere in Gefangenschaft oder der Opfer wissenschaftlicher Experimente. Beide waren wir davon überzeugt, daß dies ein unstatthafter Übergriff war, daß man von einer ungeheuerlichen Unterbewertung des Gefühls- und Bewußtseinslebens der Tiere sprechen mußte – und damit ihres Leidens bei den Versuchen. Ich hatte mich mit dem Thema gründlich beschäftigt, war schon als Junge von meinem Vater damit vertraut gemacht worden, einem leidenschaftlichen Gegner der Vivisektion. Tania Blixen fand, es liege auf einer Ebene mit der Folter und sei genauso verwerflich, um so mehr, als wir in unserer uneingeschränkten Übermacht eine Verantwortung für die Tiere hätten. Sie war der Meinung, Menschen könnten nicht rechtfertigen oder verteidigen, ihre Gesundheit um den Preis eines unfaßbaren, zuweilen ganz unnötigen den Tieren zugefügten Leidens zu erhalten. Sie fand das – mit einem fundamentalen Ausdruck ihrer Lebensauffassung – ehrlos.

Anläßlich der Vivisektionsdebatte organisierte die Universität Aarhus eine Diskussionsveranstaltung. Unter anderen war Tania Blixen eingeladen worden und hatte ihre Teilnahme zugesagt. Sie schaffte es auch, einen Beitrag zu schreiben, aber da ihre Gesundheit sehr instabil war, wurde sie gerade dann krank, als sie nach Aarhus fahren sollte. Ich selbst lag mit Grippe im Bett – es war das reinste Lazarett für die arme Frau Carlsen, aber wir rappelten uns beide auf, um uns wegen der Sache zu besprechen. Tania Blixen schlug vor, daß ich hinüberfahren und den Beitrag an ihrer Statt vor der

Versammlung verlesen solle, der ja auch in manchem das Ergebnis unserer Gespräche und unseres Einklangs in dieser Sache sei. Sowohl persönlich als auch als ihr Stellvertreter sollte ich an der Diskussion teilnehmen. Andererseits fand sie auch mich recht schwächlich, war ein wenig besorgt. Am nächsten Morgen aber erhielt ich einen Scheck für die Reise ans Bett sowie einen Brief, in dem sie mitteilte, daß sie mir einen Wagen in die Stadt besorgen könne, »falls der Zufall will, daß Sie *selbst* wünschen, nach Aarhus zu fahren, nicht nur als *mein* Abgesandter! – Ich dachte die Nacht an das, was Sie über die Sache geschrieben haben und daß Sie vielleicht, noch vor ihrer Doktorarbeit, Lust haben, gegen die Mediziner anzutreten – und zwar *für* Goethe, Hölderlin und Pasop! – Ich kann ja, wie Sie wissen, nicht so recht davon absehen, daß ich die Verantwortung für Ihre Gesundheit trage, und darum bekümmert es mich, wenn es Ihnen nicht gutgeht. – Dennoch wäre das letzte auf Erden, was ich wollte, Ihnen die Flügel abschneiden – ganz besonders in dieser Sache.«

Ich habe also nach Aarhus zu fahren, genau wie nach Bonn, und es soll ähnlich freiwillig geschehen. Ich habe es selbst zu wollen. Wieder rührt sie an den idealen Nerv in unserer Beziehung: Ich sollte selbst spontan wollen, was sie wollte, und haperte es am Verständnis, sollte ich unter allen Umständen wollen, was ich ihrem Dafürhalten nach wollen sollte. Es war formal kompliziert und oft kompliziert formuliert, aber im Kern sehr einfach: Zwar ist sie wegen der Sorge um meine Gesundheit darüber bekümmert, mir die Flügel abzuschneiden, und die Flügel, setzt sie voraus, sind wohl meine eigenen, aber für ihre Sache. Der Brief schließt mit folgender letzter, hinzugefügter Bemerkung: »Tun Sie nun, wozu der Geist Sie leitet.« Ich zweifelte nicht daran, daß es Tania Blixens Geist war.

Am selben Vormittag, dem 23. April, fuhr ich nach Aarhus. Die Götter wissen, wie peinlich es mir war, hinaufzugehen und ihren Gruß zu überbringen, aber das Thema selbst führte mich schnell über jede Verlegenheit hinweg zu selbstvergessener Sicherheit, als ich schließlich den Beitrag verlas und später an der Diskussion teilnahm. Hierin fühlte ich einen klaren, realen Sinn, und Tania Blixen war äußerst zufrieden, als ich nach der Rückkehr Rapport ablegte. Jetzt also sollte Bonn ein längerer Probeflug werden.

In Bonn

Als ich nach Bonn fuhr, am 19. Mai 1951, ungefähr zum Jahrestag meiner Gehirnerschütterung in Paris, war Tania Blixen, am 3. Mai, bereits mit Knud W. Jensen und seiner Frau auf deren Einladung nach Griechenland gefahren – mit Jensen als begeistert-kundigem Reiseführer. Den Aufbruch empfand ich genauso sinnlos, wie ich ihn mir vorgestellt hatte. Ich fühlte mich in Sletten zu Hause, war mitten in einem poetischen Arbeitsrausch und hatte andere weißglühende Eisen im Feuer, war glücklich mit meiner Familie, und der Frühling strömte zu allen Türen und Fenstern des Hauses herein. Was in aller Welt hatte ich da unten zu suchen? Ich fuhr zwar los, aber im Zug hinunter durch Norddeutschland hämmerten die Schienen meinen Seelenzustand in Rhythmen und Worten für Idiotie und Dummheit, pochten die Räder den Schubertschen Text aus der Winterreise, den die Baronesse in diesem Vorfrühling, wie erwähnt, wieder und wieder, besonders noch kurz bevor wir uns trennten, zum Refrain für ihren eigenen Seelenzustand gemacht hatte: »Welch ein törichtes Verlangen treibt mich in die Wüstenein.« Er paßte besser zu dem Unterfangen als die Marseillaise und war zweifellos die Kehrseite dieser Entscheidung in meinem Namen, die einzige unterirdische, unausgesprochene Verbindung, die ich damit hatte. Ja, diese Musik und der Text, denen man sich in berauschender Selbstaufgabe fast wie einer Droge hingeben konnte, enthielt einen suggestiven Appell an das, was in einem unterdrückt war, unerwünscht in jedwedem vernünftigen sozialen Zusammenhang, an alles Destruktive, Abenteuerlustige, das eben nur empfangend und fruchtbar werden konnte in einem entschlossen schöpferischen Arbeitsprozeß, ein Rufen und eine Antwort unterhalb der Bewußtseinsschwelle. Aber das wußte ich nicht, konnte nichts davon wissen, konnte mich nur dunkel und ungewiß davon treiben lassen, während die Gewißheiten miteinander im Streit lagen und Argumente benutzten, mit denen der jeweils andere Part nichts zu schaffen haben wollte.

Später ist mir klar geworden, daß ich mit Einverständnis und Billigung meiner Frau nach Bonn entsandt wurde, weil sie mich lieber dort wissen wollte als in Rungstedlund. Genau wie Tania Blixen mich lieber da wissen wollte als in Sletten. »Dieses mir feindlich gesinnte Haus nur 10 km von hier«, hatte meine Frau zu jener Zeit über Rungstedlund an eine Freundin geschrieben. Nicht verwunderlich, wenn sie über Umwege gehört hatte, was ich damals nicht ahnte und was unzweifelhaft, ob es stimmte oder nicht, seine Wirkung tat: daß nämlich die Baronesse ihr Bleiben in Dänemark von meiner Bereitschaft abhängig machen wollte, mich mehr oder weniger permanent in Rungstedlund niederzulassen.

An der überfüllten Bonner Universität, die nach den Zerstörungen des Krieges noch im Wiederaufbau war, gab es offensichtlich niemanden, der wußte, was er mit mir anfangen sollte. Ich wurde in einem Acht-Mann-

Schlafraum untergebracht, einer Art Wartesaal, in dem andere Studenten aus dem Ausland, in derselben Situation wie ich, jede Nacht bis in die frühen Morgenstunden rauchten, tranken und redeten. Der Tag verging im Trab durch kafkaeske Korridore, mit Versuchen, die eigene Anwesenheit zu erklären, und Verweisen von Instanz zu Instanz, einem Pendeln zwischen vagen Aussichten auf Unterbringung und resigniert-ironischem Schulterzucken. »Am besten schmeißt man alle Stipendiaten raus«, sagte ein Dozent geradeheraus. Darauf verfügte ich mich aus Bonn in ein Wirtshaus im Siebengebirge, wohnte dort ein paar Tage und wurde durch Wanderungen in den ausgedehnten, frischen Bergwäldern wieder froh. Der reine Genesungsaufenthalt nach dem staubigen, lärmenden Bonn. Kehrte zurück, bekam ein Zimmer und versuchte mich zurechtzufinden. Es war eine schwierige Periode für die Universität, niemand hatte Zeit. Man mußte sich lästig und ungelegen fühlen. Mit neuer Kraft mußte sich die Frage melden: Warum in aller Welt bist du hier? Nach den ersten Wochen Aufenthalt, in denen die Möglichkeiten für ein ordentliches Studium ausgelotet und abgehakt worden waren – keine Vorlesung betraf mein Thema, und die Bibliotheken waren lediglich erst halb benutzbar –, nahm ich mich zusammen, schrieb an Tania Blixen, wie es stand, und fragte, ob ich schon jetzt zu Besuch nach Rungstedlund kommen könnte statt, wie geplant, nach dem Sommersemester. Die Antwort, vom 12. 6. 51, kam rasch:

Lieber Magister,
was anderes könnte ich wohl auf Ihren Brief antworten, als daß alle Rungstedlunder Türen Ihnen weit offenstehen.

Und dann bitte ich Sie: Lassen Sie mich über die Bestätigung unserer alten Absprache nicht teilhaben an – oder meine Einwilligung geben zu – irgend etwas, das in irgendeiner menschlichen Beziehung Ihre Ehre herabsetzen könnte. Sie können das Wort gern in Gänsefüßchen setzen – es *ist* alt – es ist 3000 Jahre alt.

Mit vielen Grüßen von allem hier
Ihre ergebene
Tania Blixen.

Als ich den Brief gelesen hatte, bereute ich sehr, gefragt zu haben. Er verletzte und verwirrte mich – andererseits hätte ich wohl darauf vorbereitet sein sollen, daß sie in ihrer Enttäuschung über meine Deroute sich jeder Teilhabe entziehen mußte, zumal aus meinem Brief an sie hervorging, daß ich niemals richtig mit dem Herzen bei der Entscheidung, nach Bonn zu gehen, gewesen war – und an der hatte sie in ihren Augen allerdings teil. Konnte ich aber nicht mit dem Herzen dabeisein und keine vernünftige Motivation für meinen Aufenthalt hier unten finden, mußte sie ähnlich am Abbruch teilhaben wie an der verfehlten Entscheidung – und das wollte sie nicht. Sie appellierte an meine Ehre, damit ich sie nicht in diese Situation brächte. Vermeiden konnte ich das im Grunde nur, indem ich blieb und weiter zu der Entscheidung stand. All das war mir allerdings nicht klar – nur daß ich nicht kommen konnte, mich beschämt und zurechtgewiesen fühlte. Ansonsten, rein sachlich, verstand ich gar nichts. Einen solchen Studienaufenthalt abzubrechen, schien mir meine Ehre nicht im mindesten herabzusetzen, nur sollte ich ihr versichern, daß es dies nicht tat. Ich hatte ein Ja oder ein Nein erwartet, nicht ein Ja mit einer Bedingung – ein bedingtes Ja. Obwohl sehr aufgebracht und durcheinander, war ich nicht im Zweifel darüber, was ich antworten mußte. Ich schrieb:

Wenn Sie mich so eindringlich bitten, an meine Ehre zu denken, muß das einen Grund haben, es kann Ihrem Willkommen nicht überflüssig hinzugefügt sein. Sie mögen glauben, daß ich doch nicht an sie gedacht habe, entweder aber habe ich nichts anderes getan – oder ich habe tatsächlich nicht an sie gedacht. Oder aber ich verstehe rein gar nichts. Nach dieser Bitte, an meine Ehre zu denken, kann ich nun unmöglich zu Ihnen kommen, ohne sie herabzusetzen – in einer menschlichen Beziehung, nämlich zu Ihnen.

Mit meinem ganzen Herzen fühlte ich sofort, daß diese Bitte bedeutete, ich solle nicht kommen.

Nach diesem Brief hielt ich die Sache für erledigt und stellte mich ohne weitere Spekulationen darauf ein zu bleiben. Eine große Ruhe überkam mich, vielleicht, weil ich endlich eine Art Notwendigkeit darin sah. Ich begann mit einem Artikel über Morten Nielsen, den zu schreiben ich vor langer Zeit versprochen hatte. Ein paar Tage später, am 19. Juni, bekam ich ein Telegramm, das erneut alles änderte.

PLEASE COME RUNGSTEDLUND = TANIA +

Ich empfand es als ein Aufrichten und Verstehen, schrieb, wie froh ich sei und daß ich nicht mehr räsonieren, sondern so schnell wie möglich kommen wolle. Am Tag darauf, also mußte er vor dem Telegramm abgeschickt worden sein – er trägt gleichfalls das Datum vom 18. Juni – kam noch ein sehr schöner Brief von Tania Blixen, in dem sie vertiefte und erklärte, was sie unter Ehre im allgemeinen und meiner im besonderen verstand:

In der letzten Nummer von »Heretica« steht ein Artikel von Torben Monberg »Die Poesie und das Magische«, der mich sehr beschäftigt und in Erstaunen versetzt hat. Der Verfasser betont, in Anlehnung an Martin A. Hansen und Paul la Cour, die nahe Verwandtschaft moderner Lyrik mit der magischen Dichtung der Naturvölker und in wie hohem Maße deren eigenständiger Stil aus magischen Figuren bestehe. Beide Gedichttypen machen die Menschen zu einer Einheit mit der Natur. Nun wäre es zu lang, hier darauf einzugehen, Sie haben ihn ja wohl auch selbst und können ihn lesen. An einer Stelle vergleicht er das Sich-eins-Machen der Eskimos mit dem scharfäugigen Vogel mit dem der Form nach irgendwie parallelen Gedicht von Paul la Cour. Beide Gedichte, sagt er, seien magisch.

Was mich aber erstaunt, ist, daß es denkbar ist, Magie ohne Glauben zu machen. Lebt magisch – habe ich gedacht –, seid magisch, dann könnt ihr magisch dichten. Man kann doch keine magische Dichtung nach einem ästhetischen Lehrbuch oder Katechismus machen, so wie mir die »Fragmente« denn auch vorkommen. Um magisch zu leben, braucht es Glauben. Ich kenne mich ja aus mit Naturvolk, mit dessen Tänzen und Liedern, ich weiß, mit welch ungeheurem Ernst, welch unermeßlicher Tradition sie ausgeführt werden. Zur Magie gehört auch Erbe. – Verbindung mit den Toten (die überhaupt nicht bösartig geworden sind) und dem Vergangenen. Ich kenne mich auch aus mit dem Einssein mit der Natur. Für den Eskimo hatte es mit Leben oder Tod zu tun, ob man ein Feuer machen kann, ob man Wasser findet, ob es regnet. Ich kann vergessen – was Martin A. Hansen und Paul la Cour bestimmt nicht können –, welcher Wochentag oder wie spät es ist, nicht aber, wo die Himmelsrichtungen sind, woher der Wind kommt, in welcher Phase der Mond ist, ob wir Regen oder Trockenheit brauchen.

In Verbindung damit und auch mit dem, worüber wir betreffend Mystik und moralischen Wert gesprochen haben, bin ich dann zu der Anschauung gelangt, daß der moralische Ausdruck des Mystischen (oder also des Magischen) beziehungsweise der Mystik im Moralischen das ist, was ich Ehre nenne. Das ist: eine ungeheure Verpflichtung, aber eben nicht gegenüber anderen Menschen – obwohl sie sich ja anderen Menschen gegenüber zeigen muß oder Gestalt annimmt –, sondern gegenüber Gott. Gottes Absicht mit uns. Peter spricht in der Nacht mit Rosa darüber, daß das Tier Gottes Absicht mit ihm treu ist, er selbst aber ist es nicht.

Diese modernen dichtenden Geister – Martin A. Hansen, Paul la Cour, Ole Wivel – reden so viel über das Mystische, sind aber ohne Glauben, nach meiner Auffassung ohne Ehre – beziehungsweise ohne Scham im Leibe. Darum fühle ich mich hier zu Hause in Dänemark am wohlsten auf den Herrensitzen, denn deren Moral ist bis zu einem gewissen Grade mystisch, die haben (etwas) Ehre.

Ich habe auch an etwas anderes gedacht – in diesem Zusammenhang und im Zusammenhang mit Ihnen. Caritas' amerikanischer Freund sagte über Christus und über mich, daß wir »tough« seien. Aber ach, in welch geringerem Maße bin ich es als er. Ich fühle immer, was ich einem Menschen sagen kann, ist: »Du hast viel Sorge und Mühe, eins aber ist not.« Wenn man mir aber dann antwortet: »Ja, du hast leicht reden, aber die Eier werden allemal hartgesotten, wenn sie auf dem Feuer stehenbleiben«, lasse ich mich in die Enge treiben und schweige. Das tat Christus nicht.

Und was ich Ihnen eigentlich in meinem vorigen Brief sagen wollte, war genau das: »Du hast viel Sorgen und Mühe, eins aber ist not.« Es ist ja gänzlich gleichgültig, ob die Betonmischmaschine lärmt oder die Bibliotheken geschlossen sind oder ob Sie wie ein Erstsemester behandelt werden. Nur eins ist not – dient Ihr Aufenthalt in Bonn Gottes Absicht mit Ihnen – dem, was man Ihre Berufung nennt? Die Stigmata dienten ja Gottes Absicht mit Franziskus. Und Sie haben den Beistand von Menschen gesucht, um nach Bonn zu kommen. Können Sie denselben Menschen ehrlich antworten, wenn sie Sie fragen, warum Sie aus Bonn wieder nach Hause gekommen sind: Ja, es hatte keinen Sinn, in Bonn zu bleiben, es war gegen meine Berufung?

Ja, mir scheint, daß ich heute aus Ihrem Brief an mich verstehe, daß Sie das wirklich sagen können. Es sind nicht all die Unannehmlichkeiten und Widerwärtigkeiten, über die Sie mir oder Clara beim ersten Mal schrieben, die dazu führen, daß Sie Ihren Aufenthalt in Bonn abbrechen wollen. Sondern sie empfinden es folgendermaßen: »Ich ging in Blindheit nach Bonn, gegen Gottes Willen. Aber heim nach Rungstedlund werde ich gerufen.« Und ist es so, dann kann ich nur wiederholen, was ich schrieb: »Alle unsere Türen stehen Ihnen offen.« Dann laufen Sie ja nicht vor etwas davon, sondern gehen zu etwas hin – dann können Sie mir beruhigt versichern, daß sie in Ehren kommen – dann will ich an etwas denken, das da heißt: »Des Mannes ist der Sieg, der Stärke schöpft aus Niederlage.«

Ja, dieser Brief ist schlecht geworden und wirr, aber, bei Gott im Himmel, ich konnte es nicht besser machen, ich bin verschiedentlich von Leuten und persönlichen Gesprächen unterbrochen worden. Gott gebe, Sie können etwas damit anfangen. Eines kann ich allerdings sagen: Ich selbst möchte sehr gern, daß Sie kommen. Und wenn Sie so empfinden, wie ich denke, dann können Sie mir telegraphieren: »Arriving Rungstedlund Sunday evening.«

Ja, Lebwohl und viele Grüße – entschuldigen Sie den schlechten Brief. Ich meine es gut mit Ihnen. Ich habe oben im Garten eine Art Laube eingerichtet, die »Magisters Kämmerlein« heißt. Dort hinauf werden wir gehen, wenn Sie kommen. Dann werde ich mir mehr Zeit lassen und es Ihnen besser erklären.

Wenn ich diesen Brief heute lese, verstehe ich meine damalige Reaktion kaum. Da stand ja in der Tat ziemlich genau das, was ich ihr zu verstehen geben wollte. Aber ich pendelte zurück zu der seelischen Verfassung nach ihrem ersten Brief und schrieb, daß ich, nachdem die Frage, inwieweit ich in Ehren kommen könne, wieder gestellt worden und wieder offengeblieben sei, nicht kommen könne, da ich sie nicht beantworten könne und nicht wisse, was meine Ehre sei, jedenfalls in diesem Falle. Ich war wohl geistig zu weichgeklopft, um weitere Erklärungen entgegenzunehmen oder abzugeben. Was ich tatsächlich wußte, war nur dies: daß ich kein *zweites* Mal mit dem Vorbehalt der Unsicherheit handeln wollte, wie ich es tat, indem ich nach Bonn ging, und daß es am besten war, hierzubleiben und es bei dem einen Mal zu belassen, damit der Spott nicht dem Schaden folgte. Oder umgekehrt. Die Absage sandte ich per Expreßbrief. Er kam genau zu dem Zeitpunkt an, zu dem Tania Blixen mich erwartete, spät abends und, wie sie mir im nächsten Brief schrieb, bei Licht an verschiedenen Stellen im Hause, damit ich es erleuchtet sähe, von welcher Seite ich auch käme.

Nun hatte ich mich während des Aufenthalts mit einem prachtvoll rothaarigen, sommersprossigen Iren angefreundet. Er hatte die Physiognomie eines großen, geistreichen, zutraulichen Fuchses, war definitiv Skeptiker, Goethe-, Kunst- und Musikverächter, aber trotz oder vielleicht gerade wegen unserer großen Gegensätze fühlten wir uns sehr zueinander hingezogen und waren ununterbrochen zusammen. Sein Skeptizismus allem gegenüber war nicht, wie es so oft der Fall ist, opportunistisch insinuierend, sondern von selten vollkommener Offenheit und mephistophelischer Konsequenz. Er brachte mir das Biertrinken bei, und da er am entgegengesetzten Ende der Stadt wohnte, übernachtete er oft bei mir unter ein paar Mänteln, seine Aktentasche unter dem Kopf, im Schlaf leise vor sich hinknurrend wie ein unruhiger Pudel. In einem Brief an Tania Blixen erwähnte ich ihn und unsere Zusammenkünfte: »...ein merkwürdig schmerzvoller Skeptiker mit einem sehr eigentümlich schönen Lächeln. In ihm ist der Untergang längst vollbracht, er lacht daher über die Ruinen hin, denn warum sollte er nicht darüber lachen: Ich kann an einem Ort genausogut unglücklich sein wie am anderen, sagt er, wenn ich ihn frage, wo er nach dem Studium weiterleben will.«

Während sie nun dasaß und auf mich wartete, dachte Tania Blixen darüber nach, wie dumm es war, daß sie mich nicht gebeten hatte, meinen Iren mit nach Rungstedlund zu bringen, »Ihren Pudel, Ihren wandernden Scholaren, Ihren Mephisto«, schrieb sie, und fuhr fort:

Er hätte im rosa Zimmer wohnen können, und ich hätte ihn schon unterhalten, damit sie Ruhe bei der Arbeit haben. Außerdem ist mir eine Flasche echter Whiskey angeboten worden, und wir hätten zwischendrin alle drei richtig gemütlich miteinander reden können.

Ich war den ganzen Tag in der Stadt, übrigens aus einem sehr komischen Anlaß. Davon werde ich Ihnen erzählen, wenn ich Ihnen wieder schreibe – und ich war müde, vielleicht habe ich mich deshalb so über mein Versäumnis geärgert, daß ich schließlich dachte: Wenn ich jetzt mit dem Magister sprechen könnte, würde ich sagen: »Kommen Sie entweder mit Ihrem irischen Freund, dem Dämon aus Bonn, oder bleiben Sie ganz weg.« Das, so überlegte ich, ließ sich allerdings nicht wirklich bewerkstelligen in Anbetracht dessen, daß Sie bereits im Zug durch Deutschland saßen, auf der Fähre über den Großen Belt und wieder im Zug von Korsør und vom Hauptbahnhof. Trotzdem – stellte ich mir weiter vor – wenn man sich überhaupt mit Hexerei abgibt und im übrigen die Kraft dazu hat, kann man Hexerei wohl auch mit rückwirkender Kraft versehen.

Es ist charakteristisch, daß Tania Blixen, nachdem sie die Möglichkeiten der Hexerei erwogen hat, zu einer der schönsten Segensformeln der Bibel greift: »Nun wünsche ich, daß in Bonn der Herr Sie segnen und bewahren möge, er erhebe sein Angesicht über Sie und gebe Ihnen Frieden.« Es war ihr mit beidem ernst, sowohl mit der Hexerei als auch mit dem Segen, mit gleicher Stärke, und es lag auf der Hand, daß auf ihrer Animusseite ein Theologe das Sagen hatte, der mit ungeheurer Souveränität sämtliche Register zog. Das zeigt sich auch am Ende des Briefes: »Ich setze Sie nun wie ein Siegel auf mein Herz und wie ein Siegel auf meinen Arm, und ich ermahne machtvoll Bonns kleine Dämonen – hier allerdings meinen irischen Freund nicht inbegriffen –: ›Wer wagt zu verdammen, wo ich segne.‹«

In diesem Brief also nicht, wie im vorigen, ein Vorbehalt oder Zweifel daran, daß ich jetzt das einzig Richtige tat. Nicht ein Wort davon, wie es um meine Ehre stand. Verständnis und Einverständnis wankten nicht. Er enthielt aber den Vorschlag, ich solle mich an meine deutschen Professoren wenden und ihnen anbieten, Vorlesungen zu halten, da die Verhältnisse, die mir geboten würden, unter meiner Würde und tatsächlich nur für einen Studenten geeignet seien. Ich sollte sagen: »Meine besten Kräfte und Fähigkeiten, meine Zeit stehen zu Ihrer Verfügung. – Ich kann über dänische Literatur sprechen, über Hölderlin oder Rilke, oder allgemein über die Schwierigkeiten des Lebens, möglicherweise auch über Heilmittel dagegen.« Sie ergänzte: »Sagen Sie nun nicht gleich, dies sei reiner Nonsens, sondern denken Sie eine Viertelstunde darüber nach.« Wie kurz oder lang ich auch darüber nachdachte, so etwas zu tun, war mir unmöglich. Teils lebte ich lieber im Understatement, in einem anhaltenden Zustand der Vorbereitung, im Verborgenen, und teils würde ich solch ein Anerbieten als Anmaßung und vollkommen unrealistisch empfunden haben. So etwas war vielleicht in der Zeit vor dem Ersten Weltkrieg möglich, in der Verbindungen über alle Grenzen hinweg bestanden, einer Zeit, in der Tania Blixen, wenn sie es nicht gerade mit liebenswerter oder diabolischer Genialität durchbrach, immer noch lebte, sofern es um Stil oder gesellschaftliche Vorstellungen ging, ganz allgemein um Konvention. Oder es war nach der Studentenbewegung möglich. Zu *der* Zeit aber gerade nicht – was ich ihr dann auch schrieb. Zwar fühlte ich pflichtschuldigst vor, bekam aber zu meiner Erleichterung zu wissen, daß es genauso unmöglich war, wie ich es mir gedacht hatte. Ich mußte also Tania Blixen in diesem Punkt eine neue Enttäuschung bereiten, nachdem die vorige abgewendet war. Um so mehr, als in meiner Antwort nicht nur zwischen den Zeilen zu lesen war, wie absurd mir der Vorschlag erschien, sondern ich geradeheraus schrieb, daß ich keine Vorlesungen halten wollte, selbst wenn ich gekonnt hätte.

Überhaupt hatte der Bonn-Aufenthalt Dimensionen angenommen – Ehre, Vorlesungen, Gottes Absicht –, gegen die meine gesunde Vernunft protestierte, die nichts mit der Art zu tun hatten, wie ich normalerweise Situationen auffaßte oder mit Menschen umging. Mehr denn je war ich entschlossen, meine eigenen Wege zu gehen, meinen eigenen Impulsen zu folgen, ohne mich durch die Zielsetzung des Stipendiums ablenken zu lassen (wie viele taten das), durch Tania Blixens Pläne oder Gottes eventuelle Absichten betreffs meines Aufenthalts da unten, aus denen ich sowieso nicht schlau wurde. Das war die reine Erholung für mich. Ich fing an, mich wohlzufühlen, begegnete einem jungen Mediziner, dessen Lebenselixier Hölderlin und Rilke waren und der mich mit Gottfried Benn vertraut machte, dessen suggestiv-tranceartiger Zynismus mir zunächst sehr gegen den Strich und nach einiger Zeit fast ins Blut ging. Er litt unter seinem Gespaltensein zwischen Fach und Poesie, war nur stundenweise durch seine fröhliche Begeisterungsfähigkeit geheilt. Zwischen ihm, dem Iren und einem Studienkreis über Kierkegaard teilte ich fortan meine Zeit und streifte ansonsten in den Bergen und an den Ufern des Rheins umher, fand heraus, daß ich allzu viel Gewicht auf die Frage gelegt hatte, ob ich mich nun hier oder dort befand. Ja, kam spontan auf das, was im Entscheidungsformular stand: daß es praktisch »von außerordentlich geringer Bedeutung« war. In dieser entspannten Stimmung, ohne nennenswerte Aktivitäten, über die zu berichten wäre, absentierte ich mich aus Tania Blixens Phantasien und Plänen mit mir. Ich habe den Verdacht, mein Leben und Treiben, so wenig ehrenvoll wie ehrlos, langweilte sie. Deswegen nun sollte ich nicht von Rungstedlund wegbleiben. Als ich die Briefe aus jener Zeit wiederlas, erhielt ich einen köstlichen Kommentar zu ihnen und der ganzen Situation, Fazit ihrer Auffassung nach allen Segenswünschen, und nachdem sie der Ehrprobleme offensichtlich genauso überdrüssig geworden war wie ich. Oben über meinen ersten abschlägigen Brief hat sie geschrieben:

Der Sinn dieses Briefes ist in Wirklichkeit (siehe die folgenden Briefe):

Ich fand nicht, daß es mir in Bonn gutging, also wollte ich lieber nach Rungstedlund, wo ich dachte, es würde mir bessergehen. Aber jetzt, finde ich, sieht es so aus, als würde ich es in Rungstedlund nicht so gut haben, wie ich gedacht hatte, und inzwischen geht es mir in Bonn viel besser als vorher. Also will ich lieber hierbleiben.

Das war nicht gerade das, was ich erwartet hatte. Gleichwohl. Es ist in jedem Fall aufschlußreich. Wir verloren die Fühlung, und der Briefwechsel hörte zeit-

Thorkild Bjørnvig und Tania Blixen, 1950 (oben)
Thorkild Bjørnvig (unten links), Tania Blixen (unten rechts)

Tania Blixen, Thorkild Bjørnvig, Grete Bjørnvig, 1950

Tania Blixen im Pierrot-Kostüm, 1954

Rungstedlund, um 1950 (oben)
Salon in Rungstedlund (unten)

Bei der Arbeit im Ewald-Zimmer, 1956 (oben)
Das Geschenk von Denys Finch-Hatton (unten)

Tania Blixen und Albert Schweitzer 1954
in Kopenhagen (oben)
H. C. Branner, um 1949 (unten links)
Jørgen Gustava Brandt, 1957 (unten rechts)

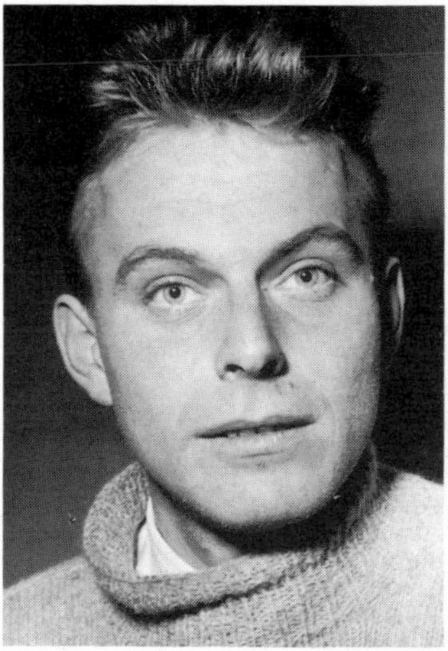

Frank Jæger, um 1951 (oben links)
Ole Wivel, 1948 (oben rechts)
Thorkild Bjørnvig (unten)

Tania Blixen

weise fast ganz auf. Allerdings auch aus einem anderen Grund. In Tania Blixens Antwort auf meine Absage folgte nach dem Vorschlag noch eine wichtige Passage:

Auch aus einem anderen Grund war ich froh über Ihren Brief. Ich habe aus ihm den Eindruck gewonnen, daß Sie verliebt sind. Wenn es stimmt, müssen Sie es mir sagen, denn auch dies schulden Sie mir – wie ich Ihnen einmal, wenn wir uns wiedersehen, erklären werde. Was andere auch darüber denken, ich habe immer geglaubt, Sie hätten Talent dazu.

Hätten wir wirklich Fühlung gehabt, hätte sie sich in diesem Punkt niemals geirrt. Statt dessen mußte ich ihr eine weitere Enttäuschung bereiten, die dritte da unten, folglich fühlte ich mich ziemlich unbehaglich dabei, ihr zu schreiben – daß ich weder in punkto Ehre noch in punkto Abenteuer ihren Erwartungen nachlebte: ich war nicht verliebt. Ihre Gewißheit, daß ich verliebt war, entsprang also nicht parapsychischer Erkenntnis, wie ich sie sonst wiederholt erlebt hatte, sondern dem *Wunsch,* ich solle es sein – wie die ganze Bonn-Expedition mehr durch ihren leidenschaftlichen Wunsch als durch selbstlose Einsicht zustande kam. Darüber hinaus, glaube ich, war es der einzige tieferliegende, unausgesprochene Grund, weswegen sie mein letztes Umschwenken und die Absage an Rungstedlund akzeptieren konnte, die ihr sonst unbegreiflich erscheinen mußten, nachdem ich die Einladung so heftig provoziert hatte, erwartet wurde und meine Ehre auf Kommen umgepolt worden war. Wie sicher sie ihrer Sache war, geht aus dem Nachsatz des Briefs hervor: »Wie ist es? – Können die Attraktionen in Bonn Sie davon abhalten, im Lauf der nächsten sechs Wochen nach London zu fahren und ›Antony and Cleopatra‹ zu sehen?«

Ich war nicht verliebt. Es kam aber dazu gegen Ende des Aufenthalts – in eine gemeinsame, noch dazu verheiratete Bekannte und unter derartigen Umständen, daß ich es nicht für angebracht hielt, davon zu erzählen, jedenfalls vorläufig und per Brief nicht. Das war der zweite Grund für die lange Briefpause.

Aus dem Gefühl heraus, es selbst schwer genug zu haben, distanzierte sich meine Frau kühl von mir und meinen Ausrutschern, als ich Halt bei ihr suchte, Tania Blixen wünschte mich dahin, wo das Abenteuer und der Pfeffer wachsen, zu irgendeinem schrecklichen oder glückseligen Werweißwas, kurz, das Brennholz lag bereit, ein Blitz schlug aus heiterem Himmel ein, verwandelte, als ich ihr begegnete, Freundschaft in Liebe, und es endete bei langen, berauschenden Wanderungen in der Gegend um Goslar, im Siebengebirge und entlang des Rheins, einer traumalösenden Vertrautheit und herrlichen Tanzabenden. Darüber, was all dies bedeutete, betrogen wir uns selbst bis zum Tag ihrer Abreise. Da begriffen wir. Dennoch entschlossen wir uns zur Treue gegenüber unseren Ehen, und auf dem Bahnhof und in der öden Nacht danach klangen in mir in trotzig-blinder Dankbarkeit die Worte Sophus Claussens: »Laß die Wasser der Sintflut mich forttragen von hier – ich habe einen Tag in Ekbatane gelebt.« Danach Leere.

Eine unmögliche, wahnwitzige Liebe, sie gerade machte die Reise so fatal und verrückt wie anfänglich empfunden, ein realer Kontext zur Schubertschen Litanei, die die Räder des Zugs auf der Herreise hämmerten. Als ich nach Hause kam, war ich ein anderer, heimlich stabilisiert in Verzweiflung und unermeßlicher Seligkeit, gleichgültig bis zur Unverwundbarkeit gegenüber allem anderen. Tania Blixen ferner und näher als sonst, denn sie wußte nichts von dem, was mir geschehen war, und dennoch empfand ich – wir – gerade sie als die heimliche Beschützerin, den mächtigen Genius dieser Liebe. Das setzte ich einfach voraus. Aber diesmal war ich es, der irrte.

Auch Clara, die mich ehrlichen Herzens nach Bonn gewünscht und für die Reise votiert hatte, verfolgte das Experiment mit aufmerksamer Anteilnahme. In einem ihrer Briefe aus dieser Zeit schreibt sie mir, am 11. Juni 1951:

Lieber Thorkild,
die Baronesse kam heute mit einer gewaltigen Kleeblatternte nach Hause: ca. 24, die alle mehr als drei Blätter hatten – vom vier- bis zum siebenblättrigen. Siebenblättrige gab es zwei, und die bat sie mich, Dir zu schicken, was hiermit geschieht.

Die Baronesse denkt sehr viel an Dich, ich weiß nicht, warum sie nicht geschrieben hat. (Vorletzte Nacht erschienst Du ihr sogar! Wie das eigentlich zustande kam, kann ich nicht richtig erklären, da ich selbst keine Erfahrung mit derartigen Erlebnissen habe.) Aber vielleicht ist einer der Gründe, warum sie sich nicht aufraffen konnte zu schreiben, daß wir hier ein schlimmes Unglück hatten. Nils (Frau Carlsens Sohn) und Klein-Helge (der Sohn des Gärtners) wurden von einem Auto angefahren und liegen im Krankenhaus. – – – Es war ein schrecklicher Augenblick, als sie da unten halb bewußtlos lagen – und Frau Carlsen – na, jetzt werde ich Dich mit weiteren erschütternden Details verschonen und nur sagen, daß die beiden kleinen Kerle wahrscheinlich ohne bleibenden Schaden davonkommen. – – – Ich muß mich aufraffen, um ein paar Bekannte mit Verbindungen in Bonn zu fragen, ob sie sich etwas oder jemanden vorstellen können, an dem Du Freude haben könntest. Wenn du nun schon mal da *bist.*

Im übrigen tut es mir leid, daß ich daran beteiligt war, Dich fortzujagen, wenn ich jetzt höre, daß es ekelhaft da unten ist, und wenn ich sehe, daß die Baronesse Dich hier vermißt.

Gestern abend fiel mir auf, daß meine geweihte Kerze von Lichtmeß – so eine wie Deine – direkt unter der spanischen Madonna steht, die aussieht wie die Baronesse. Da habe ich jetzt das kleine Zeremoniell eingeführt, daß sie jeden Abend einen Moment angezündet wird, und dann soll ein Vaterunser, ein Gegrüßet seist du Maria und das kleine Gebet aus der lauretanischen Litanei »Mater Boni Consilii, ora pro nobis« emporgeschickt werden, um Dir ein wenig beizustehen.

Ja, so ein papistischer Plunder ist nun mal das beste,

was *ich* bieten kann. So wird es dann schon all right werden mit dem Bonn-Aufenthalt, auch storchenmäßig gesehen. Storchenmäßig verweist auf die Geschichte in »Afrika, dunkel lockende Welt« von dem Mann, der seltsame Wege geführt wurde und in gemeine Gräben fiel und schließlich gegen Abend erkannte, daß seine Strecke das Bild eines schönen Storchs bildete. Du erinnerst Dich bestimmt an sie.

Ich weiß nicht, ob es gerade ein Storch wurde, von schön gar nicht zu reden, aber eine Art Vogel wurde es schon, wenn auch mit sonderbar ausgefransten Umrissen. Und nicht nur Clara leistete Fürbitte für mich, nein, auch eine der wichtigsten Persönlichkeiten in Rungstedlund, Pasop persönlich, wie ein paar Tage später aus ihrem nächsten Brief hervorgeht:

Der treue Pasop strapaziert seinen kleinen Gebetsteppich fleißig, um Dir zu helfen durchzuhalten. Der Pfarrer hat Verständnis dafür gezeigt, daß er unter diesen erdrückenden Umständen selbst mitten in der Messe in die Kirche gestürmt kommt.

Grüße aus dem Garten Eden und von Deinem unfreiwilligen Peiniger.

Clara

So also entfalteten sich zu Hause verschiedene, recht überwältigende Zeremonien für mein Seelenheil, ich hielt jedoch Clara für ganz schuldlos an der Geschichte und ihren unbegreiflichen Dimensionen (im Gegensatz zur Baronesse). Was glückbringende Kleeblätter anging, vom vier- bis zum siebenblättrigen, hatte Tania Blixen ein fabelhaftes Talent, sie zu entdecken, und zwar ohne sich herunterzubeugen oder zu setzen, nein, sie sah sie aufrecht, im Gehen. (Mir gelang es nie, ein vierblättriges zu finden, ob ich nun mit der Nase im Gras lag oder es mit der Vogelperspektive versuchte.) Zwar behauptete sie, sie sähe schlecht, und das mochte in anderer Hinsicht seine Richtigkeit haben, aber ich glaube, sie hatte eine Art geistige oder magische Peilvorrichtung vor ihren Augen, die sich einstellte, sei es auf die allererste, messerschneidendünne, fast unsichtbare junge Mondsichel oder auf vierblättrigen Klee.

Mehr über den Pakt

Nach der Heimkehr aus Bonn ergab es sich, daß ich wieder einen Herbst in Rungstedlund wohnte, allerdings nicht so uneingeschränkt einverstanden mit allem wie im ersten und nicht so lang. Dieses Mal konnte eine anhaltende Isolierung von Familie und Freunden nicht mit Krankheit und Rekonvaleszenz begründet werden, sondern ausschließlich mit mehr Ruhe zum Arbeiten, als ich sie zu Hause bekam, und das war eine schwache Begründung, denn auch dort gab es ausgezeichnete Arbeitsbedingungen, auch wenn es natürlich nicht die magische Atmosphäre von Rungstedlund war. Nein, wir wußten es beide besser. Ich: daß ich mit meiner großen, illegitimen Liebe überall anders lieber wohnen wollte als zu Hause. Tania Blixen: daß sie rundheraus wünschte, ich solle in Rungstedlund wohnen, und glaubte, es sei das beste für mich, ja, für uns beide. Sie hatte mir bei einer Gelegenheit das alte Grammophon zugeeignet, das Denys Finch-Hatton ihr schenkte, denn sie habe seit damals mit niemandem soviel Musik gehört wie mit mir, und bei einer anderen Gelegenheit ihr Gemälde des jungen Kikuyumädchens. So etwas nahm ich jedoch nicht besonders ernst, sondern sah es als eine Art orientalischer Großzügigkeit dem Gast gegenüber an. Allerdings zeigte sich die Sache noch von einer anderen Seite, denn eines Tages, als sie auf das Gemälde zu sprechen kam, fragte sie mich feierlich, ob ich mir nicht vorstellen könne, Rungstedlund zu übernehmen und für immer dort zu wohnen, denn von ihren Verwandten wolle es nach ihrem Tod sowieso niemand. »Könnten Sie dies, so würde ich Ihnen nämlich Rungstedlund testamentarisch hinterlassen.« Ich versuchte ziemlich erschüttert, es als Scherz abzutun, aber damit kam ich nicht gut an, ich schlug es daraufhin ehrlich erschrocken aus. Ich sah wohl, daß es ein rührender, generöser Versuch war, unsere Beziehung dauerhaft zu festigen, war aber weder Abenteurer noch praktisch genug, das Angebot anzunehmen, ja, würde es, aus welchen guten oder weniger guten Gründen auch immer, nie gewagt haben. Ich war nicht der Mann dafür. Vorausgesetzt, es war ernst gemeint, und so sollte ich es ja verstehen.

Gleichzeitig – vielleicht unter dem Eindruck, daß ich nicht so spontan und ungeteilt anwesend war wie früher – verstärkte Tania Blixen den Zugriff auf mein Leben, wies jetzt, zum ersten Mal, gelegentlich auf den Pakt hin, besonders wie sie ihn in dem langen Brief nach Paris entwickelt hatte. Doch was half es, und was sollte ich mit meiner Unvollkommenheit in diesem Stück anfangen? Ich war nicht demütig und einfältig wie Rosa, besaß nicht Pasops unzweideutige Treue, nicht Farahs Standfestigkeit und Grandezza, sondern war, trotz Perioden ekstatischer, schöpferischer Sicherheit eine leidenschaftliche und linkische, unschlüssige und widersprüchliche Natur, neigte leicht zu Hybris oder Schwermut, erstrebte Weisheit und entspannte mich am besten bei Humor und Hingabe, war überhaupt spät gereift, steckte über die Maßen voll mit Ungeklärtem, was man wohl auch als Entwicklungsfähigkeit auffassen konnte und was meine Prophetin zweifellos anzog, die ich, wie mir schien, weit mehr brauchte, als ich mir überhaupt vorstellen konnte, daß sie mich brauchte. Auch dies wußte sie indes ganz genau und forderte dafür mit einem fast alttestamentarischen Eifer, ich solle keine anderen Götter haben neben ihr. Meine starken menschlichen Beziehungen auch außerhalb von Rungstedlund hielt sie in ihren düsteren, unduldsamen Stunden für ein Mißverständnis, ein Versagen, und wenn sie dies auch niemals offen zugab, ließ sie es mich doch indirekt und unmißverständlich wissen. Nicht, daß ich überhaupt keine Verbindung zu anderen Menschen haben sollte, im Gegenteil, aber die sollten konventionell und pietätvoll sein, und darüber hinaus gelegentlich und unverbindlich, geborgen in einer Integrität, die einzig und allein auf der Beziehung zu ihr basierte, auf dem Pakt. Meine Ehe, der sie zunächst viel Takt und Achtung entgegenbrachte, von der sie meinte, meine Grobheit und Unbedachtheit brächten sie in Gefahr – sie formulierte es geradezu so, daß ich mich meiner zarteren und weit kultivierteren Frau gegenüber wie jemand aufführte, der »mit einer Geige Nägel einschlägt« –, diese Ehe betrachtete sie schließlich als eine Plage, ein Mißverständnis, einen Hemmschuh – ein Hindernis für das, was sie für meine Bestimmung hielt. Nachdem sie die Reise nach Paris zu einer Art Hochzeitsreise für uns hatte machen wollen, ignorierte sie sie bewußt und rücksichtslos. Wenn ich nicht in Rungstedlund war, wünschte sie mich überall sonst eher hin als nach Hause, vor allem auf Reisen. Sie plante auch gemeinsame Reisen mit mir, wie schon erwähnt, nach

England, nach Stratford-on-Avon, um dort die Shakespeare-Stücke zu sehen, einmal »Antony and Cleopatra«, ein Stück, das sie besonders schätzte und für das sie Karten von John Gielgud erhielt – und sie wünschte, daß ich ihn kennenlernte. Ein andermal nach Stockholm, um dort die Orestie zu sehen. Ein drittes Mal nach Venedig. Aber Rungstedlund war und blieb der Ankerplatz. Von dort schrieb sie mir, während ich in Bonn war:

Wenn meine Rosen blühten oder der neue Mond hinter den Kastanienbäumen stand, empfand ich es als unnatürlich, daß Sie nicht dabei waren, wünschte – und glaubte wohl auch –, Sie könnten es ohne irgendeine Art inneren Gespaltenseins.

Dieses innere Gespaltensein bestand, aber es schien mir, was ich Tania Blixen auch sagte und schrieb, daß sie teils zuviel Aufhebens davon machte, teils zu oft voraussetzte, es existierte nicht. Es war da, ließ sich aber zeitweise überwinden, wenn ich dichtete oder liebte, in Freundschaft und Arbeit, und im Kontakt mit der Natur. Es war klar, daß Tania Blixen den Pakt als ein Mittel der Überwindung ansah, daß sie den Mangel an endgültiger Überwindung geradezu als Versagen empfand. Zur Stärkung und Bekräftigung des Paktes verfiel sie auf die eigentümlichsten Dinge. So gab sie mir eine Indianerjacke, die ihr Vater einmal in den Wäldern von Wisconsin bei Indianern eingetauscht hatte: »Gut für Sie, wenn Sie bei der Arbeit sitzen, warm im Winter und kühl im Sommer, aber Sie sollen wissen, wenn Sie mir jemals untreu sind und sie anhaben, wird sie Sie verbrennen wie ein Nessoshemd.« Noch etwas anderes gab sie mir: über die Tür vom grünen Zimmer hängte sie ein Stück Holz, auf das eine Bibelstelle geschrieben war, die sie oft als die zweite Formel für unseren Pakt zitierte – das, was unter allen Umständen und Wechselfällen gültig sein sollte. Zuweilen tauschte sie wie früher ich und du aus, zuweilen sagte sie, daß ich beim Ansehen und Lesen in einem Übermaß an Vertrauen denken möge, daß es mir so mit ihr ginge:

> Nähme ich die Flügel der Morgenröte
> und bliebe am äußersten Meer,
> so würde mich doch deine Hand daselbst führen
> und deine Rechte mich halten.

Tania Blixen setzte sich, wenn nötig und wenn sie es für erforderlich hielt, seelenruhig an Gottes Stelle. Sie tat es, um im Zitat aus dem Heiberg-Stück zu bleiben, wenn sie ihren Glauben an Gott verloren hatte und außerstande war, zum Beispiel an mich zu glauben, sondern im Gegenteil meinte, daß ich es war, der in seiner Unzulänglichkeit oder in Perioden besonderer Gefährdung Schutz brauchte und an etwas glauben sollte: an sie. Oder wenn sie von jener übermäßigen, göttlichen Eifersucht gepackt wurde, die charakteristisch für Jahwe und die griechischen Götter war: eine zerstörerische Eifersucht ohne Scham oder Hemmung, ja von Unschuld geprägt und dem Recht, sie auszuleben. Verbarg und beherrschte sie sie dennoch, dann ausschließlich aus strategischen Gründen, nicht weil sie an ihrem

Recht zweifelte, sie zu empfinden. In ihrer scheinbaren, maskierten Objektivität äußerte sie sich zum Beispiel als definitive Mißbilligung. So steht über einem Brief, in dem ich in einem Weihnachtsgruß mitteilte, wie ich zu Hause Weihnachten feiern würde, mit Freunden und Musik und im Zeichen der Kinder, einem Brief, den ich erst nach ihrem Tod wiedergelesen habe, als ich diese Erinnerungen begann, mit ihrer großen, schönen Schrift: *Idiot.* Ich glaube, kein vernünftiger, uneingeweihter Mensch, der den Brief läse, würde begreifen können warum, mich selbst inbegriffen, wenn ich nicht wüßte, was ich weiß. Dies war die Kehrseite der rauhen, furchteinflößenden Generosität, mit der sie sagte und sang: »Wer wagt zu verdammen, wo ich segne.«

Aber nicht nur hier berichtigte sie im Text, änderte das Du, das Gott galt, in ein Ich, oder, wie in dem Bibelzitat, Ich in Du. Es geschah ähnlich auch bei anderer Gelegenheit. Um zu erklären, daß es nicht unbedingt ein inneres Gespaltensein, eine Schmälerung des Paktes bedeutete, wenn ich mich bei meiner Familie aufhielt, bei meiner Frau und meinem Jungen, der mir wahrhaftig viel bedeutete, wie auch bei Freunden, Verwandten und anderen, sondern daß ich dessenungeachtet eine Ausrichtung auf Gott behielt, einer möglichen Bestimmung folgte, welcher Art sie auch war, zeigte ich ihr eines Abends, als wir uns während dieses meines zweiten Herbstaufenthalts am Kamin unterhielten, einen Aphorismus von Franz Werfel aus seinen »Theologumena«, für die Gelegenheit, wie ich bereits damals empfand, wohl etwas überspannt, aber brauchbar für mich – nicht ohne weiteres zur Erklärung meines augenblicklichen Zustands, sondern dessen, was, wie ich hoffte, einmal mein Zustand werden würde. Der Aphorismus, den ich, diese Gelegenheit vor Augen, sorgfältig übersetzte, lautete:

Nur zu der ältesten, durchlebtesten und durchlittensten Seele spricht Gott: Du sollst niemandem und nichts angehören, keiner Parteiung, keiner Mehrheit, keiner Minderheit, keiner Gemeinschaft, und diene sie selbst mir an meinem Altar. Du sollst nicht angehören deinen Eltern, nicht deinem Weibe und deinen Kindern, und so auch nicht deinen Brüdern und Schwestern, nicht denen, welche deine Sprache sprechen und ebensowenig jenen, die eine andere Sprache sprechen, und am allerwenigsten dir selbst. Du sollst nur *mein* sein in deiner Welt. Wie aber könntest du anders mein sein, als daß du, in deiner Welt unauffällig lebend wie jeder andere, ihr trotzdem nicht angehörst.

Dieser Aphorismus bewegte mich damals so stark, weil er, trotz seiner theologischen Gestalt, ganz grundsätzlich etwas mit Weisheit zu tun hatte, einer Weisheit, zwar aus dem Christentum entstanden, aber sozusagen *nach* dem Christentum, einer möglichen westlichen Weisheit. Nachdem ich ihr das Stück vorgelesen hatte, bat sie darum, es selbst lesen zu dürfen. Ich reichte ihr das Papier, in das sie sich lange vertiefte. Dann nickte sie, nahm einen Bleistift, schrieb etwas darüber und darunter und reichte es zurück. Groß war mein Erstaunen, ja fast war ich schockiert, daß jemand auf so eine Idee kam, gar so etwas tat: ich sah, daß sie das Wort

Gott durchgestrichen und »Ich« darübergeschrieben hatte – und darunter ihren Namen – und es damit zu noch einer Formel für unseren Pakt gemacht hatte. Kam mir der Aphorismus überspannt vor, so war ihre Änderung desselben nicht weniger hybrid, und die ganze Situation Ausdruck für eine außerordentliche folie à deux.

Die Große Welt

Auch in einem anderen Punkt trat eine Veränderung ein. Bis dahin wünschte Tania Blixen, ich solle sozusagen unsichtbar leben, in Rungstedlund sowie auf Reisen. Nun wünschte sie, ich solle mit der Öffentlichkeit konfrontiert werden, um meinetwillen, aber namentlich in Verbindung mit ihr, und sie malte sich oft aus, daß wir gemeinsam in die Literaturgeschichte eingingen. Daher die Aufforderung, öffentlich Vorlesungen in Bonn zu halten. In diesem zweiten Herbst in Rungstedlund kam dieser Wunsch auch anders zum Ausdruck. Einmal völlig überraschend und ziemlich grotesk. Als ich eines Nachmittags im grünen Zimmer saß und an »Der Rabe« arbeitete, klopfte es plötzlich an die Tür. Herein trat Tania Blixen mit einem Dutzend Lehrern und Lehrerinnen von der pädagogischen Hochschule. Sie wollte ihnen das »Dichterzimmer«, wie sie es nannte, zeigen und ihnen den Dichter vorstellen, der darin saß und arbeitete, wie einst Johannes Ewald in einem Zimmer am anderen Ende des Hauses saß und arbeitete, und vielleicht werde man sich einmal auch daran erinnern, es in der Literaturgeschichte erwähnen, daß ich in diesem Zimmer gearbeitet habe. Ich sah von meinen Papieren auf, es war mir, als ob der Stuhl plötzlich unter mir fortgerissen würde – als ob die Wand, hinter der ich mich beschützt und ungesehen glaubte, mit einem Mal als Theatervorhang aufginge –, und da stand jemand, der letzte, von dem ich das erwartet hätte, und deklamierte den Prolog zum Stück. Vorbei war es mit der Unschuld, die das glückliche Arbeitszimmer gleich einer Kinderhöhle oder dem Sternenhimmel besaß.

Vor Verlegenheit und Scham wußte ich nicht, wo hingucken. Meine Studierstube war plötzlich zum Präsentierteller geworden, aber Gott sei Dank wurden in dem Moment Gläser und Sherry gereicht und retteten die Situation. Nach dem Willkommenstoast auf meine schuldlosen Zuschauer, die sich glücklicherweise mehr mit der weltgewandten Inszenatorin beschäftigten, wanderten wir hinauf zur Ewaldhöhe, wo Tania Blixen eine kleine Rede hielt. Als ich ins grüne Zimmer zurückkam, waren meine Papiere zerstreut wie nach einem heftigen Durchzug. Die Unsichtbarkeit, auf die Tania Blixen während meines vorigen Aufenthalts selbst größtes Gewicht gelegt, die eine so günstige Arbeitsbedingung bedeutet hatte, war mir genommen. Hatte sie nicht selbst geschrieben: »Ich glaube, man hat zu sehr auf Sie geschaut.« Gleich nach dieser Episode erkrankte sie und schickte mir, wie schon erwähnt, vom anderen Ende des Hauses »Nächtliches Gespräch in Kopenhagen«. Dies und der Begleitbrief machten mich sehr glücklich, ich dachte, Stimmung und Gelegenheit seien günstig, ihr zugleich mit dem Ausdruck meiner großen Freude und Ergriffenheit über die Erzählung meine Meinung über den unerwarteten Besuch davor sagen zu können, der mich unverhältnismäßig verstimmt und verunsichert hatte. Ich wollte gern reinen Tisch machen, damit alles zwischen uns wieder klar wäre. Mein Antwortbrief war genauso übertrieben und unangemessen wie meine Verstimmtheit, aber im Kern, scheint mir noch heute, gerechtfertigt.

Ich schrieb unter anderem: »Ich möchte Ihnen, Baronesse, gern bei allem behilflich sein und liebend gern Gäste in meinem Zimmer empfangen, bin stolz auf einen solchen Vertrauensbeweis – aber nicht in meinem ›Dichterzimmer‹.« Und weiter, daß mein Geborgenheitsgefühl bei der Arbeit gestört sei, und mit dem Verweis auf den Brief nach Paris, daß ich mich »durch allzuviel Beschauen innerlich gehemmt fühlte – mich von dem eingeholt sah, dem ich gerade zu entfliehen suchte«. Weiter schämte ich mich, daß ich mich nicht darüber hinwegsetzen könne, nein, »lieber als mir auf die Art zur Unzeit einen Mythos umzuhängen, der sich vor den Augen der anderen nicht wie ein Krönungsmantel anfühlte, sondern wie eine Zwangsjacke, soll die Baronesse eine Woche lang Pasop an der Bärenkette vor meiner Schlafzimmertür anbinden – Aber ich bin froh darüber, daß Sie mich Magister nennen« (sprich: und nicht irgendwas mit Dichter).

Das mit Pasop ist eine Anspielung auf meine Schlafhypochondrie und seine Unruhe während der Läufigkeit. Aber Tania Blixen war nicht im mindesten zu Scherzen aufgelegt. Als sie sich nach einigen Tagen wieder zeigte, bekam ich es heimgezahlt. Kein Jota Verständnis, geschweige denn das entfernteste Eingeständnis, im Gegenteil, sie fand mich albern und unvernünftig, sagte, daß ich daran denken möge, was sie bei ähnlichen oder weit schlimmeren Gelegenheiten hätte durchstehen müssen, und abschließend: »Ja, Sie müssen wirklich lernen, wie ich, Gott allein weiß wie oft, dem Teufel die Zähne zu zeigen, wenn er Sie angrinst.« Die Verstimmung war ähnlich wie anläßlich der Vorlesungen in Bonn: ich wollte mich nicht solcherart mit »der Welt« befassen, hervortreten und das, was ich immer noch für unfertig hielt, durch irgendeine Art Vorschußlorbeeren verderben. In diesem mir außerordentlich genehmen Zustand war ich weder imstande, mich öffentlich geltend zu machen, noch, mich zu verweigern, und gerade wegen des letzteren fuhr ich mit einer gewissen Unauffälligkeit am besten. Tania Blixen konnte ersteres besser als letzteres, ging zuweilen in einer Art damit um, die absolut Eindruck auf mich machte, deren fröhlichem Zynismus ich aber nicht gewachsen war, weder damals noch heute. Es kam vor, daß Clara, die Sekretärin, hereinkam und sagte, es gebe eine telefonische Anfrage, ob die Baronesse an dem und dem Tag bei der und der Gelegenheit erzählen oder lesen könne. »Sagen Sie vielen Dank, ich werde es sehr gern tun«, sagte die Baronesse und rief dann Clara hinterher, die bereits halb zur Tür heraus war: »Aber denken Sie daran, am Tag vorher abzusagen!«

Tania Blixen tat sich schwer damit, mir zu verzeihen, daß ich meinen Antwortbrief auf »Nächtliches Gespräch« mit diesem in ihren Augen kleinlichen Vorwurf beziehungsweise dieser dummen, um nicht zu sagen anmaßenden Zurechtweisung wegen des Besuchs im grünen Zimmer verdorben hatte. Ihr schien es, und auf eine Art stimmte das auch, als hätte ich Großzügigkeit und Vertrauen mit Unvernunft und Groll vergolten – und vielleicht gab sie – dieser Gedanke kam mir später – mir die Erzählung zu dem Zeitpunkt gerade deshalb, weil sie meine Verstimmung wegen der Episode bemerkte, die ich in meinem Bewußtsein gut und gern unter der Kategorie des Komischen hätte abheften können. Das war eben auch so ein Symptom. Denn immer öfter kreuzten sich sphärenhafte Süße und menschliche Bitternis in unserer Beziehung.

Doch Tania Blixen wollte auch, ich solle mit der Welt außerhalb Rungstedlunds konfrontiert werden, einer größeren als der mir bekannten und gewohnten. Eines Nachmittags setzte sie mir auseinander, wie beschränkend und hemmend mein Milieu war, sowohl das provinzielle, aus dem ich kam, als auch das literarische, in dem ich mich befand, und eröffnete mir den Plan, daß sie und ich zusammen einige der bedeutendsten Männer und Frauen der Zeit besuchen und mit ihnen reden sollten, von Agnes Henningsen und Vilhelm Andersen bis Hartvig Frisch und Niels Bohr, von John Gielgud bis Aldons Huxley und Albert Schweitzer. Kurz, ich sollte in die Große Welt eingeführt werden – mit ihr. Daraus wurde nur, daß wir Vilhelm Andersen besuchten. Er war groß, warmherzig und freundlich, aber ich empfand die Situation als absurd und war fest entschlossen, eine Wiederholung nicht zuzulassen. Ich wollte mir mit meinen eigenen Voraussetzungen Geltung verschaffen, meiner eigenen Arbeit, meiner eigenen Persönlichkeit. Gern auch, wenn es sich ergab, bedeutende Persönlichkeiten treffen, aber nicht eingeführt werden. Der nächste sollte Niels Bohr sein. Ich aber dachte an Blake, der sagt: »No bird soars too high, if he soars with his own wings.« Im Gegensatz zu dem Vogel, der nicht mit den eigenen Flügeln fliegt.

Die eifersüchtige Kupplerin

Während diese Treffen mit der Großen Welt geplant wurden, traf ich mich mit meiner Geliebten, wann immer wir konnten, auf Spaziergängen im Wald von Folehave, unbeweglich bebend stand unsere Liebe im Zenit, unerfüllt, da wir in grenzenlosem Idealismus noch immer unsere Ehepartner nicht verletzen wollten, dennoch in Erwartung – wie religiös Gläubige sie hegen mögen – eines Wunders, das sie rechtfertigen würde. Es kam auch vor, daß wir uns in Rungstedlund sahen. Bei einer Abendgesellschaft zum Beispiel, zu der Tania Blixen Frank Jæger, dessen Gedichte sie sehr schätzte, und Jørgen Gustava Brandt einlud. Der hatte, während ich in Bonn war, angefangen, in Rungstedlund zu verkehren, war ganz bezaubert von der Baronesse. Und darüber hinaus meine Geliebte, die Tania Blixen ganz reizend fand. Sie mochte sie und betrachtete sie als eine ihrer »Töchter«. An jenem Abend war ich vor Glück leicht berauscht. Tania Blixen war ausgeglichen und fröhlich, das Gesicht glatt und voll, von einer einzigartig sanften Ausstrahlung. Sie trug ein enges Stirnband, ein Kleid, das ihrem Alter und der Zeit entsprach (das kam beileibe nicht immer vor), und fast keinen Schmuck. Etwas Resolutes, herbstlich Reifes lag über ihrer Schönheit. Sie genoß es an jenem Abend offenbar ganz besonders, die Gastgeberin zu spielen, sorgte für Stimmung, und die Situation war ihr in jeder Beziehung genehm. Wenn sie so war, war ich wohl am entspanntglücklichsten mit ihr. Und meine Geliebte hatte ich als Tischdame. Nach Tisch saßen wir im Kreis um den Kamin, den ich wie gewöhnlich mit Brennholz versorgte, und auf Tania Blixens Vorschlag hin fingen wir an, Gedichte mit vorgegebenen Reimen zu verfassen. Darin waren sie und Frank Jæger bei weitem die versiertesten, ich selbst so zerstreut vor Glück und wegen der Nähe meiner Geliebten, daß ich mich nur schlecht und recht darauf konzentrieren konnte. Als ich sie dann in Tania Blixens altem Sportwagen nach Hause brachte und mich bei blendendem Vollmond von ihr verabschiedete, glaubte ich entgegen aller Wahrscheinlichkeit und aller Vernunft, daß, wie es in alten Märchen stand, mein Glück gemacht sei.

Aber Sonne und Mond bleiben ja nicht stehen, eine irdische Entscheidung mußte fallen, der Druck wurde zu groß. Während ich auf Besuch zu Hause in Sletten war, vertraute meine Geliebte sich Tania Blixen an, halb dazu aufgefordert und in der Überzeugung, daß diese es bereits erraten hatte. Etwas ahnte sie wohl auch und hatte versuchsweise in eine vermutete Glut geblasen, aber wie fortgeschritten der Zustand war, hatte sie sich offenbar nicht träumen lassen. Vielleicht rechnete sie damit, daß ich ihr gemäß dem Versprechen, das sie mir in einem ihrer Briefe nach Bonn abgefordert hatte, erzählt hätte, wenn ich mich verliebte, doch das wollte meine Geliebte nicht. Unter dem Eindruck, daß Tania Blixen sowieso Bescheid wußte, erzählte sie es nun selbst. (Aus demselben Grund und weil mir schien, es sei an der Zeit, erzählte ich es ihr kurz darauf auch, ohne von der Beichte meiner Geliebten zu wissen.) Die

Reaktion war überraschend heftig, ganz anders als erwartet (irgendein urmütterliches Einverständnis), entsetzte meine Geliebte und nahm ihr jede Hoffnung. Mir gegenüber war sie milder und voller Trauer. Erst langsam und verspätet begriff ich den Grund.

Wie in der Erzählung »Der Dichter« der Justizrat für Anders Kube wünschte Tania Blixen für mich, ich solle mich verlieben. Obwohl ich meine Frau gern hatte, war sie der Meinung, meine Ehe reiche nicht oder sei nicht der Ort für eine wahre Liebe. Dies trat aber, wie gesagt, erst nach der Parisreise zutage, nachdem Tania Blixen begonnen hatte, die Ehe nicht einfach zu ignorieren, sondern so zu tun und zu handeln, als existierte sie überhaupt nicht. Doch große Liebe stellt sich ja nicht nach Wunsch und Anordnung ein, auf Aufforderung und Bestellung, im Gegenteil, sie wird fast immer, und namentlich später im Leben, unaufgefordert kommen, fehl am Platz und quer zu allem. Ihre Spontaneität ist aufrührerisch und radikal. Tania Blixen machte keinen Hehl aus ihrem Wunsch und spielte verschiedene Möglichkeiten durch.

Wenn zum Beispiel Komteß Caritas Bernstorff, die ich seit unserer ersten Begegnung ein paarmal getroffen hatte und über die mir meine Meinung abgefordert worden war, zu Besuch nach Rungstedlund kommen sollte, sagte sie schon mal: »Aber wo soll sie übernachten? Was würden Sie zu dem Bett neben Ihrem sagen? Wäre es nicht herrlich, mit Caritas' hellem Lockenkopf auf dem Kopfkissen neben sich aufzuwachen?« Ich mochte Komteß Caritas sehr, nur so nicht.

Oder sie spielte in Gedanken mit sich selbst als Elfenkönig aus Goethes Erlkönig, spottete beißend und verbittert, warum er angeblich so böse war, wenn er doch dem Jungen sogar seine Töchter zur Gesellschaft anbot. »Sie wiegen und tanzen und singen dich ein«, summte sie düster und verführerisch: »Statt dessen heult der Junge und glaubt, daß er sterben muß.« So betrachtete sie auch Thomas Dinesens, »des Ingenieurs«, Töchter als ihre eigenen, »meine Töchter« nannte sie sie und veranstaltete einmal ein Mittagessen, an dem nur die beiden, Caritas, Clara, sie und ich teilnahmen. Ich sollte Caritas mit Tania Blixens altem Sportcoupé in Frederiksdal abholen, einem kleinen Rokokoschloß bei Lyngby, wo sie zu der Zeit mit ihrer Mutter wohnte und ansonsten eine Landwirtschaftslehre machte. Gerade als ich losfahren wollte, kam Tania Blixen mit einem Strauß Freesien ans Auto und bat mich, einen Moment auszusteigen. Langsam und sorgfältig begann sie nun, die Freesien in mein Haar zu stecken, das damals dick und schwarz war, ging um mich herum, ordnete sie lange und genüßlich, musterte dann das Resultat und sagte scherzhaft-drohend: »Wagen Sie ja nicht, sie anzufassen oder herauszunehmen, ich erwarte, daß sie so sitzen wie jetzt, wenn Sie mit Caritas wiederkommen.« Als ich losfuhr, warf ich einen schnellen Blick in den Autospiegel und sah darin mit einer Mischung aus Schreck und äußerster Verlegenheit mein freesiengeschmücktes Haupt. Ich fuhr los, konnte aber natürlich den richtigen Weg nicht finden. Nicht weniger als drei Mal mußte ich mich aufraffen anzuhalten, meinen wahnwitzig blumengeschmückten Kopf aus dem Fenster stecken und nach dem Weg fragen, wobei ich das erste Mal so tat, als ob ich keine Ahnung von dem ungewöhnlichen Aufputz hätte. Das zweite Mal, als ob das mein alltägliches Aussehen wäre und nichts, worüber man sich wundern müßte, als der Gefragte gebannt die ganze Zeit über meine Augen hinwegsah. Beim dritten Mal war ich kurz davor, immun zu werden und zu meinem Recht zu stehen, Freesien im Haar zu tragen, wann es mir beliebte. Die Blumenkinder späterer Zeiten werden sich vielleicht über meine Verlegenheit wundern, aber es war nun einmal nicht so, daß man in einem normalen Anzug und einem antiquierten Sportcoupé auf vormittäglich stillen Villenstraßen an einem Sonntag zu Beginn der fünfziger Jahre auf diese Art Blumen zur Schau trug. Als ich endlich ankam, ließen Caritas und ihre Mutter als erste von denen, die mir seit der Ausschmückung begegnet waren, sich nicht anmerken, daß etwas Besonderes dabei war, zeigten mir Schloß und Park und boten mir ein Glas Sherry an, bevor ich mit Caritas losfuhr. Als wir ein Stück gefahren waren, gab ich meiner Bewunderung darüber Ausdruck, daß sie und ihre Mutter die Freesien so selbstverständlich ignoriert hatten. Sie lachte und sagte, daß ihr sofort klar gewesen wäre, daß das »eine von Tannes Kapricen« war. Als wir nach Rungstedlund kamen, sah Tania Blixen mich zufrieden an, worauf sie zu meiner Erleichterung anfing, Freesien in Caritas' Haar zu stekken und in das der Töchter, die inzwischen angekommen waren. Es war ein schönes, ausgelassenes Mittagessen – nach einem der anstrengendsten Vormittage, die ich seit langem erlebt hatte.

Da ich dieser und anderen Inszenierungen gegenüber ziemlich gleichmütig blieb – sie alle wurden mit einer derb-humoristischen Frivolität eingeleitet und in Szene gesetzt – es war ihr ernst damit und war ihr doch wieder nicht ernst –, begann sie, nachdem ich auf diesem Terrain entweder unbeeinflußbar war oder zu nichts anderem zu taugen schien, als Nägel mit Geigen einzuschlagen, mit dem Gedanken zu spielen, ich sollte einer Schlangenbeschwörerin begegnen und sie zur Mätresse nehmen. Jedenfalls sollte es ein großes, starkes Mädchen sein, ein Typ, für den Tania Blixen eine besondere Schwäche hatte, dem ich bei meiner zu vermutenden unangebrachten Grobschlächtigkeit, meiner spontanen Unbeholfenheit nicht weh tun konnte, der einen eigentlichen, unbewußten Bedarf bei mir decken mußte, wenn ich erst einmal meine Schwärmerei für das Zarte und Zerbrechliche überwand. Besonders als ich nach Bonn sollte, wurden diese Phantasien lebendig und sozusagen geographisch lokalisiert, um nicht zu sagen topographisch, da es sich zeigte, daß, ominös genug, am Rand von Bonn ein Höhenzug lag, der sich Venusberg nannte, in Wirklichkeit eine eintönige, mit Gebüsch bewachsene, sumpfige Gegend – ohne Schlangenbeschwörerin oder sonstige Herrlichkeiten. Mein irischer Freund erzählte dann auch, daß der Ort ursprünglich Vennberg hieß, daß Venn Sumpf bedeutete und volksetymologisch irrtümlich zu Venusberg wurde. Er, der es liebte, alles Erhabene und Märchenhafte zu durchlöchern, war der Rechte, mich aufzuklären. Es war zweifellos der Venusberg, der meine unbewußten, wirren Phantasien streifte, was ich aber real vorfand, war der Sumpfberg – noch ein Zeichen für den Fehlschlag meiner Bonn-Expedition. Und als das Märchenhafte dann endlich doch eintraf – in der Harzgegend bei Goslar mit Aussicht auf den Blocksberg: sowieso eine ominöse Reise –, da war es nichts Geringeres als eine Stradivari, in die ich mich verliebte, ganz und gar keine Schlangenbeschwörerin. Niemand wußte davon, und wie gesagt, wir waren beide willens, es nicht zu Konsequenzen kommen zu lassen. So töricht und verblendet in unserem Glück, so gefangen von unserer Liebe, sannen wir überhaupt nicht auf Mittel, sie zu realisieren, ja würden eine solche Erwägung als Schmälerung beziehungsweise Unglaube betrachtet haben. In diesem Stadium konnte sie jedoch nicht verbleiben, und als Tania Blixen davon erfuhr, hielt sie sie zu meinem schockierten Erstaunen, und, wie schon gesagt, zum Entsetzen meiner Geliebten nicht für ein Glück, sondern im Gegenteil für ein großes Unglück; teils, weil sie der Meinung war, es sei die falsche Partnerin für mich, teils, weil natürlich unsere jeweiligen Ehen gefährdet waren. Namentlich letztere Begründung überrumpelte mich vollkommen. Nach allen Metamorphosen von Athene zur Gefährtin des Teufels, von Hekate, der mondverschworenen Beschützerin der Liebe, »der Frau mit dem leuchtenden Angesicht«, wie es in Theokrits düsterem Liebesgedicht heißt, zur machtvoll waghalsigen, scherzhaften Kupplerin und vermeintlichen Schutzpatronin unserer Liebe, stand sie nun da als Statthalterin der Ehe, eine zürnende, besorgte Hera. Warum? Da doch endlich das eintraf, was sie wohl kaum nur zum Schein erhofft und beschworen: daß ich mich tatsächlich verliebte. Es war klar, daß es ihr nicht recht war, daß es nicht das war, was sie sich vorgestellt hatte – und wieder eine Enttäuschung. Warum aber diese heftige Reaktion, die sich noch dazu einer Hera-Attitüde bediente, das Geschehene gleichsam widerrufen, es ungeschehen machen – versuchen wollte, Hexerei mit rückwirkender Kraft auszuüben, über die sie in dem Brief spricht, in dem sie den Iren mit nach Rungstedlund wünscht.

Schon früher wunderte mich, daß jedes Projekt, jedes Arrangement ihrerseits, das meinerseits den zaghaftesten Anlauf hervorrief, mich tatsächlich darin zu engagieren, abgeblasen oder abgebrochen wurde. Doch ich hatte nie besonders darüber nachgedacht. Nun erinnerte ich mich und verstand. Tania Blixen hatte oft einfach nicht die Nerven oder den Mut, dem, was sie selbst in Gang gesetzt hatte, ins Auge zu sehen. Das war einer der Gründe dafür, daß etwas schiefging, selbst wenn es vielleicht objektiv gelungen war. Sie machte sozusagen die Rechnung ohne den Wirt: ihren ungeheuerlichen Eifersuchtsdämon. Ich bin überzeugt davon, daß dieser sie selbst genauso überraschend überfiel wie den, gegen den er sich im übrigen richtete. Ich konnte mich ruhig verlieben, ich sollte sogar, aber bei aller Liebe nicht ernsthaft. Das war nicht nur gewöhnliche weibliche Eifersucht, die ihr Recht verlangte, es war gleichsam der alttestamentarische, zerschmetternde, radikale Zelos: ich sollte keine anderen Götter haben neben ihr – dem Pakt nach gehörte ich ihr und niemand anderem. Was sie als verwegen träumerisch-phantasierende Kupplerin ihrem Schützling einerseits wünschte, gegen das mußte sie andererseits, wenn es eintrat, eine allgewaltige Eifersucht nähren, mußte versuchen, es zu vernichten – eine gewissen- und bedenkenlose Eifersucht, die, wie schon gesagt, göttlicher Natur war, erhaben über alle Moral und, wenn es nach ihr ginge, augenblicklich todbringend wie die der Götter.

Jetzt erst verstand ich, wie irrsinnig, wie verblendet es gewesen war, den machtvollsten Beistand dort zu erhoffen, die Bestätigung des geheimen Rechts dieser Liebe dort zu suchen, wo sie zuallerletzt zu finden waren. Letzteres besonders wollte sie klarstellen, uns als Mißverständnis deutlich machen. Insoweit war der Hera-Impuls also echt beziehungsweise brauchbar. Doch er war nur eine Randerscheinung, eine nachträgliche Rationalisierung der totalen, blitzstrahlhaften Verdammung. Es war das erste Mal, daß das kindlich-unwirkliche Glück jener Zeit in seiner schwebenden Integrität getroffen wurde: Plötzlich war mir klar, wie hoffnungslos es um unsere Sache stand, mit der sozialen, irdischen Elle gemessen, die von uns energisch verworfen wurde, da sie nicht zu unserem Himmel gehörte. Die Zukunft, die bis dahin in unserem sich unaufhörlich wiederholenden seligen Jetzt wie eine überflüssige, ja schmähliche Ablenkung empfunden worden war, wurde nun zum einzig Notwendigen, wo sie aber hätte sein sollen, öffnete sich ein schwarz gähnendes Loch. Man könnte auch sagen, selbst wenn es wie ein Widerspruch klingt, daß wir, *wenn* Zukunft sich als notwendig erwiesen hätte, auf selbstverständliche oder mirakulöse Art ohne weiteres auf sie gesetzt hätten.

Meine innere Sicherheit brach zusammen, ich wurde von wahnsinniger Trauer erfaßt, die zur selben Zeit, da sie Widerstandskraft und Realisierungsvermögen niederwarf, meine Liebe womöglich verstärkte, die nun allerdings nicht länger glücklich und absurd schuldlos war wie bisher. Tania Blixen mochte dies bemerkt haben, denn ein paar Tage später schwenkte sie plötzlich um und sprach davon, daß das, was mir geschehen war, dennoch richtig und wunderbar war, wie schlimm es auch sonst war. »Fühlen Sie«, sagte sie unerwartet fürsorglich und vertraulich, »fühlen Sie, daß es ist, als ob Klauen in ihr Herz geschlagen würden, daß es ist, als ob Sie von einem wilden Tier gebeutelt würden? Ach, wie ich mich daran erinnere, wie ich das kenne. Der größte Schmerz, den es überhaupt gibt. Nein, nein, Sie tun mir nicht leid, ich mißgönne es Ihnen. Nein, ich gönne es Ihnen von ganzem Herzen.« Diese Dualität von tiefem Mitfühlen und strenger Verdammung prägte ihre ganze Haltung in der Zeit danach und machte mehr denn je ihr Benehmen labyrinthisch und unergründlich, ja ich kann schlechterdings keinen besseren Ausdruck dafür finden als *unchronologisch*. Sie fiel von einem Extrem ins andere, meistens, wenn ich es am wenigsten erwartete.

Kurz danach brach ich den Aufenthalt ab, um zusammen mit Erik Knudsen, Halfdan Rasmussen, Frank Jæger und Piet Hein in Norwegen auf Lyriktournee zu gehen. Clara und die Baronesse brachten mich zum Bus, da ich zuerst nach Sletten fuhr, um alles für meine Abreise zu ordnen, und während ich winkte und durch das Heckfenster ihre Gestalten, Tania Blixen mit Kapuze, im Novembernebel verschwinden sah, schienen sie mir in einem Moment wilden Galgenhumors dem alten Pfarrerehepaar aus »Rache der Engel« zu ähneln. So hatte sich alles seit meinem ersten glücklichen Herbstaufenthalt verändert. Gewiß, jedes Paradies hat seine Zeit.

Der Bruch

Als ich von der Norwegenreise nach Hause kam, rief Tania Blixen in Sletten an, wo ich eine Woche bleiben wollte, bevor ich nach Rungstedlund zurückging, und bat um ein ernstes Gespräch. Sie holte mich mit ihrem Auto ab, und wir fuhren zum Store Kro in Fredensborg und tranken Tee. Sie erkundigte sich kurz nach der Norwegenfahrt. Dann plötzlich nahm sie ihre Tasche vom Stuhl nebenan, stellte sie auf den Tisch, zog einen zerknitterten Brief hervor und reichte ihn mir zum Lesen.

Er war von einer Freundin meiner Frau, die sich über meine ständigen Aufenthalte in Rungstedlund mokierte, ihr riet, darauf zu bestehen, daß ich nach Hause käme, und dort genauso gute Arbeitsbedingungen zu schaffen. Während eines Besuchs bei dieser Freundin hatte ich an der Eßzimmerwand das gleiche Bild gesehen, das über meinem Bett in Rungstedlund hing, »Avant l'attaque«, und gescherzt, ich würde unter diesem Bild überall arbeiten können. Nun verwies sie in ihrem Brief darauf und bot meiner Frau an, sie könne es ausleihen und es in Sletten über mein Bett hängen, wenn das die Arbeitsbedingungen verbessern und bei der Inspiration helfen würde. Während einer meiner Besuche zu Hause, vor der Norwegenfahrt, sprach meine Frau von diesem generösen Angebot, über das wir uns gemeinsam amüsierten, und gab mir den Brief zum Lesen mit. Ich las ihn und legte ihn danach zu meinen anderen Briefen in einen Schrank oder ein Schubfach im grünen Zimmer.

Nun sagte Tania Blixen anklagend, ihre Freunde hätten ihr so etwas niemals geboten, denn die seien eine andere Art Mensch als ich, wie sie jetzt nach diesem Brief erkenne, Menschen mit Ehre. Ich antwortete friedfertig, daß ja nicht ich den Brief geschrieben hätte, daß er ja nicht an mich sei, daß ich dessen Ansicht überhaupt nicht teile, selbst wenn ich mich über ihn amüsiert hätte. Sie meinte, das müsse ich doch wohl, da er zwischen meinen Briefen gelegen habe. Ich sagte, daß ich weit davon entfernt sei, mit allem einverstanden zu sein, was in Briefen an mich stünde, schon gar nicht in einem an Dritte. Da hätte ich ja viel zu tun, um nicht zu sagen zuviel. Als sie mir ungeduldig das Wort abschnitt und sagte, darum gehe es nicht, antwortete ich, daß es ja wohl beim besten Willen eine Privatangelegenheit sei und daß ich nicht im Traum daran gedacht hätte, daß sie in meiner Abwesenheit Briefe lesen würde, die bei mir lägen. Sie antwortete, daß sie mir einen Schlüssel zu Schrank und Schubfach ausgehändigt hätte, worin ich sie wegschließen könnte, und wenn ich die nicht benutzte und nicht zuschloß, müßte ich mich damit abfinden, daß sie sie las. Ich war nicht ihrer Meinung und sagte, daß der Unterschied zwischen mir und ihren ehrenhaften Freunden wohl auch darin liege, daß sie deren Briefe nicht lesen würde, ohne daß sie es wüßten. Sie sagte, das sei gar nicht nötig, denn solche Briefe bekämen die nicht, und im übrigen habe das mit der Sache nichts zu tun – hingegen wünsche sie eine Erklärung für das, was in dem Brief stehe. Ich beharrte darauf, daß es offenbar die Auffassung der Freundin meiner Frau sei, der es wohl für meine Frau leid getan habe, daß ich so wenig zu Hause sei, und die dies nun humorvoll beziehungsweise satirisch zum Ausdruck gebracht habe. Tania Blixen fand das keine Spur komisch und fuhr in dem Verhörston fort, so daß ich mir schließlich wie ein Delinquent vorkam, der für etwas angeklagt wird, über das er nicht mehr als das bereits Gesagte zu sagen hat. Zuletzt stellte sie verbittert fest, daß sie und ihre Freunde große Fehler begehen könnten, nicht aber solche, denn sie hätten Ehrbegriffe und hielten jedenfalls vor allem und unverbrüchlich eines ein: die Regeln der Tragödie.

Ich war schließlich völlig außerstande, eine angemessene Beziehung zwischen dem Anlaß – dem zerknüllten, gründlich gelesenen Brief zwischen uns auf der Tischdecke – und dieser gewaltigen Schlußfolgerung zu erkennen. Es schien mir nicht viel mit Ehre zu tun zu haben, an die Schubfächer anderer zu gehen oder die Briefe anderer zu lesen, und selbst würde ich es nie tun, schwieg aber über diese Kleinigkeit, denn es mußte eine Ehre sein, für die ich weder Sinn noch Verstand hatte. Auch mochte die Gefährtin des Teufels Rechte besitzen, die nicht jedem gegeben waren. Kurz, ich wußte nicht, ob sie von einer Ebene her sprach, die in schwindelnder Höhe über meiner lag, oder ein gut Stück darunter. Übel, wie mir vor Scham und Unbehagen war, versuchte ich durchzuhalten, indem ich nicht zuviel sagte – mich sozusagen unter schwerem Beschuß totstellte. »Die Regeln der Tragödie«, sagte sie abschließend, »sind vielleicht die einzigen Regeln, die ich und meinesgleichen, meine Freunde, wirklich respektiert und eingehalten haben, aber wir wußten ja auch nichts von Erbärmlichkeit und Wirrwarr in der Welt des ›Reiters‹, in die Sie verstrickt sind und aus der Sie sich offenbar nicht zu befreien vermögen. Jemand von meinem Schlage wäre sich darüber im klaren, daß wir uns danach nicht mehr sehen können.« Dieser ätzend-höhnische Seitenhieb auf meine Liebe verschlug mir fast den Atem, genau wie die Konsequenz, die sie aus dem Ganzen zog. Nach diesem Salut erhob sie sich, aber als ich das Corpus delicti an mich nehmen wollte, den unseligen Brief, schnappte sie ihn blitzschnell, steckte ihn in die Tasche, sah mich mit abgrundtief zornigem Blick an und sagte, sie wolle ihn behalten.

Auf dem Rückweg im Auto glaubte ich, das Schlimmste hinter mir zu haben, aber nun fing sie an, über unseren Pakt zu sprechen, bat mich, ihn zu lösen, da sie es ja nach dem, was zwischen ihr und mir während des Bretagne-Aufenthalts geschehen war, nicht tun könne: »Da *ich* es nicht kann, *müssen Sie* es tun.« Unterdessen war sie an einer einsamen Stelle an den Straßenrand gefahren und hatte angehalten. Ihr Zorn war vergangen, das Gesicht geglättet, ich sah nur ihr großes Profil, während sie mit düsterer, trauriger Stimme eine Strophe zitierte, die sie geschrieben hatte, als sie ganz jung war und die ich damals noch nicht kannte:

In seinem Gefängnis singt
mein Herz
von Flügeln nur, von Flügeln.
Keines der anderen schönen

Lieder der Welt klingt schön für
meine Ohren.
Selbst Vögel, im Bauer geboren,
müssen Träume haben, in denen
sie sich frei zum Himmel schwingen,
und in seinem Gefängnis singt
mein Herz
von Flügeln nur, von Flügeln.

Darauf wandte sie mir brüsk das Gesicht zu, sah mich mit großen, verschleierten Augen an und bat mich eindringlich, als ob ich Macht über ihr Glück oder Unglück hätte: »Geben Sie mich frei, geben Sie mich frei!« wiederholte es unaufhörlich wie eine Sequenz aus einem großen Klagelied, während ich weder aus noch ein wußte – nur daß es mir, wenn ich ja sagte, nicht ernst war, und nein, schien mir, konnte ich ebenfalls nicht sagen. Ich fand den Anlaß, den Pakt zu lösen, idiotisch und unbegreiflich; meine große Bonner Liebe war vollkommen in eine Sackgasse geraten, begann jeden Morgen mit einer Hoffnung, die ich nicht abtöten konnte, und endete jeden Abend mit Verlustgefühl und einer Leere, die nichts ausfüllen konnte – und nun sollte ich das umstoßen, was mir trotz aller Wechselfälle genauso unschätzbar war, was ich unerschütterlich und unverrückbar glaubte, was auch geschähe, den festen Halt in der Verwirrung, den letzten Ort, wo meine Selbstachtung Boden unter den Füßen fand: den Pakt. Und ich selbst sollte die Entscheidung auf mich nehmen. Das war zuviel, und mein Herz war nicht, wie sie von ihrem glaubte, einer der untersten Mühlsteine. »Geben Sie mich frei«, wiederholte sie, aber ich konnte nichts antworten, nur um Bedenkzeit bitten – und sie drehte den Schlüssel, startete das Auto und fuhr bis an den Rand von Lave Skov, wo ich abgesetzt wurde und Lebwohl sagte.

Als ich nach Hause kam, fühlte ich mich gedemütigt, zerschmettert, ausradiert. Ich wurde krank, auch physisch, lag ein paar Tage mit hohem Fieber in einem Zustand der Betäubung. Als das überstanden war, hatte ich den Pakt abgeschrieben, er existierte nicht mehr. Im Grunde traf ich keine Entscheidung, sie war an einer Stelle in meinem Innern getroffen worden, an die ich überhaupt nicht herankam, wo ich nichts dafür oder dagegen unternehmen konnte – bzw. sie hatte mich genommen und woanders abgesetzt, fern vom Pakt und in äußerster Einsamkeit. Ich hatte wieder Boden unter den Füßen, atmete frei und fühlte mich in einer heilsam reinen, klaren Sternenkälte. Nichts mehr konnte mir etwas anhaben. Ein paar Tage später holte ich meine Papiere und übrigen Sachen aus Rungstedlund, ohne sie zu sehen.

Kurze Zeit nach jenem Gespräch schickte Tania Blixen mir eine neue Schicksals-Anekdote, »Die unsterbliche Geschichte«, die sie mir früher einmal versprochen hatte – mit einem Brief, als ob nichts geschehen wäre. Es war spät im November, und eine Zeit darauf bat sie mich, herüberzukommen und sie zu besuchen. Sie lag krank im Bett, und ich trank Tee mit ihr im Schlafzimmer auf der Ostseite. Es war das erste Mal, daß ich meinen Fuß da hereinsetzte. Ich war völlig fasziniert von den niedrigen Fenstersimsen, dem Meer, das gleichsam dicht darunterlag. Ansonsten war es mit dunklem Holz getäfelt und erinnerte an das Innere einer norwegischen Hütte. Auch jetzt redete sie, als ob das Gespräch im Store Kro nicht stattgefunden hätte, statt dessen beschäftigte sie meine unlösbare Situation, sie brachte ihr großes Mitgefühl zum Ausdruck, und wieder hatte ich das merkwürdig unwirkliche Gefühl, als ob jede Chronologie aufgehoben wäre, wie es in der Erinnerung oft geschieht, wenn die Ereignisse in die Ferne gerückt sind. Die Episode im Store Kro verblaßte zum bösen Traum, wie ein Rekonvaleszent saß ich und hörte ihre dunkle, vertraute Stimme Pläne für mich schmieden, so gut es in diesem kritischen Augenblick ging. Sie sprach über ihre Flüge mit Denys Finch-Hatton und sagte: »Später im Leben habe ich in schwierigen oder unmöglichen Situationen oft geträumt, ich säße in Denys' Flugzeug und schwebte hoch über ihnen. Alle Möglichkeiten standen offen, alle Möglichkeiten der Welt, solange ich schwebte, solange ich flog, und zwar trotz der Luftlöcher und Erschütterungen. Könnten Sie jetzt nicht auch versuchen, sich schwebend zu fühlen, denken, daß Ihnen in Wirklichkeit alle Möglichkeiten offenstehen? Könnten Sie nicht diese Ungewißheit akzeptieren, statt sich auf Teufel komm raus aus ihr herauszwingen zu wollen? Ja«, schloß sie, »könnten Sie nicht aufhören, sich verpflichtet zu fühlen, irgendwelche Entscheidungen zu treffen und sich damit zu quälen, sich statt dessen wie ein Vogel fühlen, der auf dem äußersten schwachen Zweig sitzt und die ganze Zeit die Flügel bewegen, flattern muß, damit er unter seinem Gewicht nicht bricht? Ja, könnten Sie nicht, wenn nötig, *aufsteigen*?«

Diese Trostrede machte tiefsten Eindruck auf mich, strömte wie Balsam heilend in meine wunde Seele, und als ich mich von ihr verabschiedete, strahlte sie nichts anderes aus als sanfte Autorität und Trost, ich fühlte mich verstanden, erfüllt von der intensiven Süße der Heimkehr.

Es war wirklich etwas Erlösendes an dem Rat, den sie mir gegeben hatte. Ich folgte ihm, so gut ich konnte, und übte mich darin, nicht über mein Leben nachzudenken. Blieb zu Hause und fand die Sicherheit und Kontinuität, die ich sonst verloren hatte, in meiner Arbeit, der wissenschaftlichen wie der poetischen.

Das Sichtbarwerden des neuen Mondes ist für Tania Blixen immer ein besonderes Ereignis gewesen. Wenn wir zusammen waren, versäumte sie nie, mich auf ihn aufmerksam zu machen, aber wir mußten ihn im Freien sehen, nicht durch Glas, das bedeutete Unglück. Also ging sie zur Neumondzeit, hielt sorgfältig nach ihm Ausschau und rief mich heraus, wenn er da war. Dann verneigte sie sich feierlich dreimal vor ihm, und da sie mir sehr ernst auferlegt hatte, sein Kommen ebenfalls zu begrüßen, verbeugte ich mich ebenfalls dreimal. Als ich daher am Neujahrsabend nach diesem bewegten Jahr und seinen unverkraftbaren Ereignissen bei einem Abendspaziergang im Wald den neuen Mond zwischen den Ästen in der kalten dunkelblauen Luft sah, blieb ich stehen, verbeugte mich vorschriftsmäßig und nahm es als Vorzeichen für einen Neubeginn und eine Heilung unseres gebrochenen Paktes. Mit der Berufung auf ihn und einer Referenz auf die Replik aus dem Heiberg-Stück begann ich am nächsten Tag einen exaltiert-dankbaren Brief an Tania Blixen, in dem es unter anderem heißt:

Weniger denn je weiß ich, was ich mit den äußeren Umständen anfangen soll, versuche, mich auf die Ungewißheit einzustellen, aufzusteigen, aufzusteigen – – Wie gut, daß ich dann Sie habe – daß es mir vergönnt war, Ihnen zu begegnen. Dies fuhr mir durchs Herz, als ich gestern abend, Neujahrsabend, und *nicht* durch Glas, plötzlich den neuen Mond des neuen Jahres sah, rein, scharf und wunderbar. Nie sehe ich ihn, ohne an Sie zu denken.

Nun diese paar Worte nur, weil Sie wissen sollen, daß Grete und ich in Jütland waren, dort Weihnachten gefeiert haben und am dritten Weihnachtstag mit Bo nach Hause gekommen sind. Ohne daß ich es in Verbindung mit allen anderen Dingen bringen kann: wie übermächtig fühle ich doch, er ist mein Sohn. Aber genau das ist es: Ich kann die Dinge nicht in Beziehung zueinander bringen, ohne dabei fast zu vergehen, und dann, ja dann muß ich aufsteigen – –

Mein Schmerz jetzt ist nie der Schmerz, außerhalb zu stehen, sondern der, dabei zu sein, vereinnahmt. Sei es wie es sei, darüber empfinde ich tiefe Dankbarkeit. Sie, Sie haben mich viel gelehrt, mehr, als meine andauernden Dummheiten vielleicht vermuten lassen. Sie haben mich über die Maßen viel gelehrt. Sie sind mein Ruhepunkt, die wilde, reine Ruhe im Auge des Taifuns. Sie haben sich zum Fest des Lebens wunderschön gekleidet – oder Gott tat es. Möge ich dem ab und zu entsprochen haben.

Als ich im Lauf des Januar Tania Blixen das nächste Mal besuchte, geschah dies mit großen Erwartungen und neuem Vertrauen. Wieder wurde es das vollkommene Gegenteil von dem, was ich mir vorstellte, jedenfalls zu Anfang. Zwar blieb Store Kro immer noch unerwähnt, aber jetzt warf sie mir mangelnde Ernsthaftigkeit vor, was den Pakt anging, und legte mir noch einen Brief vor, diesmal jedoch einen meiner eigenen an sie, vom Januar 1950. »Ihren Gelöbnisbrief«, nannte sie ihn, »jener, der der Anlaß zum Pakt zwischen uns war. Und da sehen Sie schon nach zwei Jahren, wie sehr Sie versagt haben, wie wenig der Pakt Ihnen sagt und bedeutet. Jetzt möchte ich gern wissen, ob Sie es ernst mit ihm werden lassen wollen oder nicht. Jetzt müssen Sie sich entscheiden, denn so geht es nicht weiter. So darf es nicht bleiben.« Ich war vollkommen überrumpelt davon, daß ich Entscheidungen treffen sollte über etwas, von dem ich nach dem letzten Besuch glaubte, es sei ausgemacht: daß nämlich der Pakt trotz allem, trotz des grotesken, alptraumartigen Zwischenspiels, obwohl sie ihn aufgekündigt und ich ihn aufgegeben hatte, wie durch ein göttliches Beharrungsvermögen, sozusagen über unsere Köpfe hinweg, dennoch bestand. Wie es vorher an mir war, ihn aufzuheben, war es nun an mir, ihn zu bestätigen oder ihn geradezu erneut zu schließen, und genauso wenig wie das eine konnte ich jetzt das andere. Ich wußte nicht, wodurch ich versagt hatte, bevor ich es zu wissen bekam, und als ich es zu wissen bekam, nicht, wie ich das künftig umgehen sollte, wenn ich auch noch mein eigenes Leben leben sollte und ansonsten war, der ich war. Kurz, ich hatte keine Ahnung, wie ich es anstellen mußte, den Pakt ernster zu nehmen als bisher. In dieser akuten Ratlosigkeit griff ich unwillkürlich zurück auf meinen Entschluß zwischen dem Gespräch im Store Kro und dem vorigen Besuch und begann: daß es ja unmöglich sei, etwas ernst zu nehmen, was nicht mehr existierte, aber sie unterbrach mich: »Nein, jetzt sollen Sie nichts sagen, sondern gut darüber nachdenken, bevor Sie antworten, und dann sollen Sie mir schreiben. Aber lassen Sie es nicht zu lange dauern.«

Danach bat sie mich, eine Platte aufzulegen, erst das Andante aus Haydns 17. Streichquartett und dann Schuberts »Frühlingsglaube«, was wir am liebsten spielten, wenn eine düstere Stimmung zerstreut werden sollte, wenn wir Aufmunterung brauchten. Als die Musik zu Ende war, sagte sie plötzlich in ihrer besonderen Art überlegener, unwiderstehlicher Scherzhaftigkeit: »Nein, der Fehler ist der, daß ich nicht 25 Jahre jünger bin und wir vierzehn Tage nach Venedig fahren und die Sache ins reine bringen können. Dann gäbe es nicht so viel darüber zu reden.« Darauf verfiel sie auf Scherze und Pläne, entfernteste und nächstliegende wie ein Mittagessen am folgenden Tag mit »den Töchtern«, über das ich bereits gesprochen habe. Bei der Gelegenheit sprach sie auch über den Erlkönig, identifizierte sich mit ihm und machte sich über den dummen Jungen lustig, der bloß Angst bekam und nichts annahm, »einfach heulte und glaubte, er müsse sterben«. Kein Zweifel daran, wer der dumme Junge war. Dann spielte sie den Erlkönig, und als sie das Grammophon wieder schloß, sagte sie: »In Wirklichkeit tragen wir Masken, wenn wir älter werden, die Masken unseres Alters, aber die Jungen wissen nicht oder denken nicht daran, daß es Masken sind, wenn sie mit uns zusammen sind, glauben, daß wir sind, wie wir aussehen. Das sind wir ganz und gar nicht. Deshalb ist es oft eine große Erleichterung oder Befreiung für mich, mit Gleichaltrigen zusammen zu sein, mit ihnen zu lachen, mich zu amüsieren, ohne daß Jüngere dabei sind, denn wir wissen, daß wir Masken tragen, und können sie vergessen.«

Sie schwieg ein Weilchen, schien aber noch nicht ganz zufrieden zu sein. Sie wollte deutlich etwas Haltbareres in den Griff bekommen als das Wesen hinter der Maske, etwas Handgreiflicheres und Unvergänglicheres, beweisbar und über jeden Zweifel erhaben, und mit der ihr eigenen Konsequenz sagte sie schließlich schwärmerisch verzückt, fast mit Triumph in der Stimme: »Aber eines ist sicher, eines weiß ich: ich werde ein vollendetes, ein unvergleichlich schönes Skelett, und darauf freue ich mich«, lächelte dann ihr schiefes, geheimnisvolles Lächeln, so daß man nicht eine Sekunde im Zweifel darüber war, daß sie sich wirklich freute und es nicht nötig hatte, trauernd auf ehemalige Schönheit zurückzuschauen, sondern erwartungsvoll vorwärts auf eine kommende. Danach spielte sie ein heiteres Flötenkonzert von Händel, hörte hingebungsvoll zu, mit glückseligem Ausdruck, als ob ihre Knochenröhren zur Zeit der Vollendung sich möglicherweise auch auseinandernehmen und zu einer Panflöte für eine irdisch-überirdische Musik zusammenfügen lassen würden – so wurde es am Ende doch ein sehr schöner Abend, ungefähr wie die, die wir verlebten, bevor ich nach Bonn ging.

Als ich spät am nächsten Tag, nach dem gelungenen Freesienmittag, nach Hause kam, war ich sehr aufgeheitert und weit davon entfernt, über ihre ernste Frage nachzudenken, und als sie sich in den folgenden Tagen mit neuer Stärke meldete, war ich der Antwort immer noch nicht näher. Die Antwort und der Impuls zur Entscheidung, die der Neujahrsabend mir spontan eingegeben hatten, waren bei dem letzten Gespräch aufgehoben worden, also machte ich meinen Geburtstag, den 2. Februar 1952, zum Datum der Entscheidung. An diesem Tag bekam ich einen großen Hyazinthengruß aus Rungstedlund, aber da ich immer noch nicht wußte, was ich antworten sollte und außerdem krank war, schrieb ich ganz kurz und dankte. Die Lehre von der akzeptierten Ungewißheit, die ich nach und nach, erst unbewußt, dann bewußt auch auf Tania Blixens und meine Beziehung ausdehnte – denn warum sollte sie nicht auch dort gelten –, erwies sich jetzt als ein enorm produktiver Anreiz. Die Ablenkung durch den Konflikt hörte auf und unterdrückte schöpferische Kräfte wurden freigesetzt. Ich legte die Doktorarbeit beiseite und begann zu dichten, empfand mehr und mehr das Wort als meine einzige Zuflucht – außer meinem Sohn, der damals fünf Jahre alt war und dem ich sehr gern Märchen vorlas; durch sie verstand ich das Leben besser als durch irgend etwas anderes. Vom 1. bis zum 10. Februar schrieb ich »Die Zauberer am Skratteskær«, mit diesem Gedicht und »Haus der Kindheit« schien mir, hatte ich Senkkästen genug zu einem neuen poetischen Brückenbau – zwei extreme Ausdrücke für Schmerz und Glück –, das eine entstanden zur Zeit, als der Pakt gestärkt und befestigt, das andere, als er aufgelöst und umgestoßen wurde.

Am 17. März, ich war an dem Tag in Kopenhagen, kam Tania Blixen zu Besuch nach Sletten. Da hatte ich sie seit dem Januargespräch immer noch nicht gesehen, am nächsten Tag schrieb ich ihr einen Brief, in dem ich Wiedersehen und Antwort erneut hinausschob.

Schade, daß ich nicht zu Hause war, als Sie und Pasop hereinschauten. Es wundert Sie vielleicht, daß ich so lange weder von mir hören ließ noch mich zeigte. Einfach deshalb, weil ich keine Kraft dazu hatte; die habe ich auch vorher viele Male nicht gehabt, und es machte nichts. Aber nach unserem letzten Gespräch sieht die Sache anders aus, also macht es etwas. Die Dinge ernst zu nehmen bedeutete für mich seit diesem Neujahrsmond unter anderem, daß ich Rungstedlund entsagen muß. Jedenfalls, bis ich geantwortet habe, und das will ich lieber erst in einem Brief tun, und auch dazu fühlte ich mich nicht kräftig genug. Ich wurde nacheinander von allerhand unbedeutenden Gebrechen heimgesucht, aber sonst geht es mir gut, ich mache hin und wieder lange Spaziergänge und erlebe hier und da einen geistigen Lichtblick und einen Augenblick auf Flügeln. In der Regel allerdings von zu kurzer Dauer. Vorläufig nur diese provisorischen Bemerkungen, bis ich die Kraft habe, eingehender über die Dinge zu sprechen.

Ich glaube, es ging mir besser, als es im Brief klingt, erinnere mich jedenfalls so und sehe es auch an der Schrift. Zwar hatte ich, gleich nachdem ich mit den »Zauberern« fertig war, mir während eines Besuchs bei Frank Jæger in seinem niedrigen Haus auf Farum die Stirn an einem Türbalken eingerannt und mit einer neuerlichen Gehirnerschütterung im Bett gelegen, aber trotz verschiedener körperlicher und seelischer Schmerzen ging es mir im Grunde ausgezeichnet, und ich war nahe daran, mein Gleichgewicht zu finden. Ich schrieb immer neue Gedichte und wollte nicht gestört werden. Was den Pakt und die Antwort anging, wußte ich genau, falls ich die Ungewißheit nicht auch fernerhin akzeptierte, sondern eine Entscheidung provozierte, würde ich unweigerlich auf den Granit der Gewißheit stoßen: daß es vorbei war.

Genau zwei Monate später, am 17. Mai, besuchte uns Tania Blixen wieder und lud mich nach Stockholm ein, um die Orestie zu sehen. Sie glaubte – was sie bereits in bezug auf Shakespeare angedeutet hatte –, daß dies vielleicht eine latente dramatische Veranlagung zum Vorschein bringen würde, die sie bei mir vermutete und die sie nun mal für geeigneter hielt, um mich der Welt zu öffnen, als mein exklusives lyrisches Vertieftsein. Wieder wollte sie mich aus dem Nest heraus haben, heraus aus der in ihren Augen frustrierenden Idylle, hin zu der Erschütterung, die es bedeuten mußte, jene große tragische Trilogie zu erleben. Tatsächlich faszinierte dieser Gedanke auch mich, aber wie üblich gab sie mir Bedenkzeit. Sobald sie gegangen war, wußte ich, daß ich nicht mit ihr fahren wollte, daß dies unter falschen Voraussetzungen geschähe. Und als meine Frau mich daran erinnerte, daß ich Tage Skou-Hansen und Frank Jæger versprochen hatte, innerhalb der nächsten vierzehn Tage für »Heretica« einen Artikel über Sophus Claussen zu schreiben, benutzte ich mit kaum verhohlener, kaltblütiger Erleichterung am nächsten Tag dieses Versprechen dazu, die Einladung auszuschlagen. Die Berufung auf jenes Versprechen wirkte dann auch wie ein leicht zu durchschauender Vorwand. Ich hätte sehr wohl fahren können, und der Claussenartikel wurde auch so nie geschrieben. In einem kurzen Brief forderte sie mich nun im Namen Nietzsches dazu auf, ein Jasager zu sein, anstatt ständig mit Nein zu antworten, und war begreiflicherweise sehr verbittert, als ich stur meine abschlägige Antwort wiederholte.

Unterdessen waren in der Ungewißheit verschiedene Entscheidungen gereift. Meine Geliebte, die kinderlos war, beschloß, sich scheiden zu lassen, und ich entschloß mich, meine Ehe fortzuführen, nicht nur wegen des Kindes – Grund genug vielleicht –, sondern weil ich meiner eigenen Auffassung nach überhaupt keine Wahl hatte. Dies hing folgendermaßen zusammen:

Tania Blixen wollte, ich solle mich auszeichnen, mich aus der bürgerlichen Gesellschaft absondern, wenn schon durch nichts anderes, dann durch etwas Unzulässiges, die eine oder andere Form von Verbrechen, damit ich aus den sozialen Zusammenhängen ausgespien und auf ihren Schutz, ihre Mitverschworenheit angewiesen wäre.

»Was Sie auch tun, das alle anderen verdammen werden, Sie können sich beruhigt auf mich verlassen und gewiß sein, daß ich zu Ihnen halten werde.« Sie wiederholte es oft, und um mir zu versichern, wie ernst es ihr war, gab sie mir einmal ein langes, schmales Papiermesser aus Silber mit der Klaue eines Löwen, den sie in Afrika erlegt hatte, als Schaft in Gold gefaßt und folgender Inschrift auf der Klinge: »Ich halte zu Dir.« (Ich verlor es auf der Norwegenreise und bekam es nie zurück.)

Klar ist, daß es sich nicht um ein gemeines, banales Verbrechen handelte: es sollte ein Verbrechen mit höherer Absicht, höherem Motiv sein, einer Sache dienen, in einem anderen, umfassenderen Zusammenhang als dem, den es verletzte, einen Sinn haben, »moralisch« sein. Ein Gesetzesbruch, um ein höheres, fundamentaleres Gesetz zu erfüllen, zum Beispiel der Natur statt der sozialen Konvention. So erzählte mir Tania Blixen, daß sie in Afrika einer Frau, die mit einem brutalen, verbrecherischen Mann in unglücklicher, zerstörerischer Ehe lebte, geholfen hatte, indem sie ihn tötete, dafür sorgte, daß er abstürzte und sich das Genick brach. Dies war mit Magie geschehen, und Tania Blixen erzählte mir die Geschichte als Beispiel für die Rücksichtslosigkeit, die ihrer Meinung nach nötig sein kann, um der Sache des wirklich Guten zu dienen, sie beklagte, daß Entsprechendes in unserer zivilisierten, bürgerlichen Gesellschaft undurchführbar, unmöglich wäre, und im übrigen glaube sie, auch selbst gegebenenfalls nicht Nerven und Kraft dazu zu haben.

Hätte sie sie gehabt und hätten wir in einer anderen Zeit gelebt – oder einer anderen Gesellschaftsform –, ich glaube nicht, daß Tania Blixen viel und lang überlegt hätte, ob sie meine Frau aus dem Weg schaffen sollte, nicht, weil diese ein schlechter oder verbrecherischer Mensch war, sondern weil sie behinderte, was der Sinn meines Lebens war: eine höhere Kunst- und Lebensentfaltung unter Tania Blixens Ägide und Führung. Nun mußte sie sich damit begnügen, es sich zu wünschen, und eines ist sicher: Tania Blixen wünschte in solchem Maße, meine Frau solle nicht existieren, daß diese sich allein schon durch diesen intensiv spürbaren Wunsch, die Autorität und das dahintersteckende Wissen darum, was das beste für mich sei, nicht allein bedroht, sondern in ihrer Existenz an sich und deren Berechtigung in Frage gestellt fühlte. Dies bis an die Grenze des Selbstmordes, berauscht von Rilkes Todesmetaphysik, die ich, obwohl Rilke-Spezialist, nie ganz ernst nahm, und von Schuberts lockenden Todesklängen – »Die schöne Müllerin« und »Winterreise« vom Plattenspieler –, zu der Zeit die reine Manie bei uns. Ihr Selbstmordversuch wurde im letzten Moment abgewendet. Es passierte, bevor Tania Blixen etwas von meiner Liebesaffäre ahnte und während ich in Norwegen war. Als meine Frau mir erzählte, was sie vorgehabt hatte, war ich erschüttert, erfüllt von widerstreitenden Gefühlen, einer tiefen, quälenden Schuld und dumpfer, unausgesprochener Verbitterung. Die bloße Absicht und die Möglichkeit, daß es hätte passieren können, lähmten mich eine Reihe von Jahren in jedem Versuch, zu brechen und zu gehen. Man kann auch sagen, es enthob, befreite mich von jedem Zweifel hinsichtlich dessen, was ich tun sollte, und ich erlebte dann auch viele glückliche Perioden in meiner Ehe, selbst wenn sie auf Dauer verurteilt war zu scheitern, zu scheitern gerade an dem, was sie zusammenhielt, an der Unfreiheit. Tania Blixen sagte in Anagramm-Form über Martin A. Hansen: Er ist mein Satan. Meine Frau überlebte, indem sie sich an Hansens starker ethischer Lebenshaltung orientierte, in einem berechtigten Gefühl der Zustimmung. In einem Brief vom Frühjahr 53, aus dem hervorgeht, daß er wohl weiß, daß ich mich in einer Krise befinde, ohne allerdings den Grund zu kennen, schreibt er: »Bos und Gretes Lebenssinn, der auch Deiner ist, und in viel höherem Maße, als Du vielleicht jetzt ahnst, ist eins mit der Inbesitznahme Deiner Existenz durch dich selbst und bedingt sie.« Das bestärkte sie im Glauben an ihr Recht, an die Existenzberechtigung der Ehe und deren Fortbestehen. Dagegen stand Tania Blixen für das Recht von Natur und Spontaneität, und damit für meines, bis es in Konflikt mit Tania Blixens kam und sie, wenn auch aus ganz anderen Gründen, für den Bestand der Ehe Partei nahm.

Hekate und des Teufels Gefährtin wurden, wie gesagt, zu Hera, und so kam es, daß ich den Glauben an das klare Recht der Spontaneität verlor, ohne dafür den an die Ehe wirklich zu gewinnen.

In gewisser Weise teilten Martin A. Hansen und Tania Blixen das Reich unter sich, als aber ihr Teil des Reichs mit sich selbst in Konflikt geriet, und nicht nur mit mir, mußte es verlieren. Die Philosophie der Schwäche, der protestantischen Schwäche und Geduld, wurde rehabilitiert, und das Recht von Natur und Spontaneität, die Philosophie des Sieges, zu der Tania Blixen sich bekannt hatte, wurde bloßgestellt, und es dauerte viele lange Jahre, bevor ich zu dem Schluß kam, daß das Leben sich leben, ja sich am besten leben lasse, wenn man sich keiner Sache verschrieb, was die desperate Art der Spontaneität ist, sich selbst zu überspielen – und zwar ohne Verzicht und Resignation, die nur das Zerrbild der Spontaneität des Evangeliums sind: nämlich das »Falsche« zu unterlassen, wenn man weder Kraft noch Antrieb hat, spontan das »Richtige« zu tun.

Wie dem auch sei, an einem der ersten Tage nach dem Selbstmordversuch meiner Frau fuhr meine Geliebte ins Ausland. Darin lag vielleicht eine Beschwörung, eine wilde Hoffnung auf ein Wiedersehen, immer noch die unbestimmte Hoffnung auf ein Wunder, die ich selbst ebensowenig austreiben konnte. Dennoch war der Abschied endgültig, und nachdem ich sie zum Zug gebracht und Lebewohl gesagt hatte, begriff ich nicht, wie ich mich immer noch aufrecht halten konnte, es war, als ob ein anderer in mir meinen Körper bewegte und mich zum Gehen und Stehen veranlaßte. Als ich zu Hause war, wußte ich endlich, was ich Tania Blixen antworten wollte oder mußte. Am 4. Juni schrieb ich an sie:

Ich will nun versuchen, eine Frage zu beantworten, auf die ich seit Januar weder Ja noch Nein zu sagen vermochte.

– – –

Als Sie mich im November bei dem Gespräch im Store Kro um ihre Freiheit baten, mich baten, den Pakt aufzukündigen, den, nach dem was in der Bretagne geschehen war, nur ich lösen könne, bat ich um Bedenkzeit. Nur einmal vorher in meinem Leben wünschte ich, jemand solle seine Bindung an mich gegen seinen Willen behalten. Es kommt nichts Gutes dabei heraus. Hierbei auch nicht. Also löse ich den Pakt und gebe Ihnen Ihre Freiheit.

Eine Sache, die mich kränkte und die ich nicht begriff, war, daß Tania Blixen anderen von meiner heimlichen Liebesbeziehung erzählt hatte. Es war ein Schock für uns, weil sie die einzige Vertraute war und sonst keiner davon wußte, und weil sie selbst Wert darauf gelegt hatte, daß es so war. Darauf bezieht sich das folgende in dem Brief, in dem ausschließlich ich selbst für die Beichte verantwortlich zeichne, da meine Geliebte versprochen hatte, nicht einmal mir zu sagen, daß sie es erzählt hatte:

Sie schrieben mir nach Bonn, daß es, sollte ich mich jemals verlieben, meine Pflicht wäre, es zu sagen. Sie wollten mir dann erklären, warum. Einzig und allein aus diesem Grund erzählte ich Ihnen, Baronesse, was geschehen war. – Woher sollte ich wissen, daß das ein schrecklicher Fehler war; jetzt aber erkenne ich es.

– – –

Sie, Baronesse, haben selbst gesagt, das Beste an dieser Geschichte sei, daß niemand davon wisse: so lassen Sie es das Beste an der Geschichte bleiben, ich beschwöre Sie. Sie haben mehrfach geäußert, Sie begriffen nicht, was mich in Bonn so betrübt machte. Ich glaube, ich weiß es jetzt: zum ersten Mal in meinem Leben erfuhr ich vollkommene Einsamkeit. Nun lebe ich darin, und es ist oft schlimm. Man geht darin seine eigenen Wege; aber eine Belohnung enthält sie doch: in ihr verwandeln sich alle Angst und aller Kummer in Schmerz, und im Schmerz »wiederhole ich das Glück«, wie Goethe sagt.

– – –

Ich glaube wohl, daß Sie, Baronesse, auf die eine oder andere Art zu mir stehen, und ich behalte das Messer als Pfand dafür. Aber in der Realität geht es nicht mehr. An das Höchste und Schönste, das ich mit Ihnen, Baronesse, erlebt habe, werde ich mich in tiefer Dankbarkeit bis ans Ende meiner Tage erinnern.

Diesmal glaubte ich, die Sache wäre erledigt, aber wie gewöhnlich irrte ich. Tania Blixen antwortete sofort:

Ich glaube genausosehr an Sie wie immer.
Sie tun mir Unrecht in Ihrem Brief.

Kurz darauf rief sie an und sagte, daß wir so nicht Schluß machen könnten, auch sie habe einen Anspruch darauf zu antworten. Da seien verschiedene Dinge, die sie mir gern sagen wolle, und ich müsse kommen und sie besuchen. Wir verabredeten Tag und Stunde und sahen uns in Rungstedlund zum ersten Mal seit fast einem halben Jahr wieder. Und zum ersten Mal erwähnte sie das Novembergespräch im Store Kro, sagte, sie sei furchtbar erregt gewesen, habe nicht wirklich gemeint, was sie sagte – daß ich es nicht ernst nehmen möchte, bat um Verzeihung. Das überraschte mich jetzt genauso wie das, was vorangegangen war. Daß etwas, das ich so schmerzlich und niederschmetternd ernstgenommen hatte, gar nicht so gemeint war, konnte ich nicht fassen – es war nur teilweise eine Erleichterung. Ich fühlte mich, wenn nicht gerade zum Narren gehalten, so doch ein wenig wie ein Narr, konnte nicht ohne weiteres Kräfte umdirigieren, die ich dazu gebraucht hatte, den Bruch zu akzeptieren und zu tragen – wußte nicht, was ich glauben sollte – und sagte es.

Darauf antwortete Tania Blixen, daß offenbar stärkere Mittel nötig seien, sie wünschte, wir sollten den Pakt erneuern und bleibend befestigen, indem wir unser Blut vermischten. Blut sei das stärkste und mächtigste Bindemittel zwischen Menschen, sagte sie, ein so geschlossener Bund sei unverbrüchlich. »Blut ist stärker als Worte«, schloß sie. Dagegen meinte ich, bei den gewaltigen Spannungen, die zwischen uns bestanden hätten, sei es das Beste, er würde gelöst – ja das Allerbeste, wir sähen uns ohne irgendeinen Pakt, könnten uns freundschaftlich begegnen und das möglicherweise als Gewinn empfinden statt jetzt die ganze Zeit als Verlust, als Gefühl gegenseitigen Im-Stich-Lassens. Da mir das aber als Antwort auf den starken Vorschlag ziemlich fade schien und ich nicht richtig wußte, wie ich mich ausdrücken sollte, entschloß ich mich abzuwarten, was um so leichter fiel, als Tania Blixen, während ich noch überlegte, schon zu etwas anderem übergegangen war. Das tat sie gern, wenn sie das Gefühl hatte, aus der Pause würde nichts Hörenswertes herauskommen.

Unter meinen jüngeren Freunden und Mitarbeitern bei »Heretica« war der Dichter Jørgen Gustava Brandt, der ganz bezaubert von Tania Blixens Dichtung war, einen besonderen Sinn dafür hatte. Da er selber gern wollte und ich glaubte, sie würden Freude an einer Begegnung haben, machte ich sie bei Gelegenheit miteinander bekannt. Es war, kurz bevor ich nach Bonn fuhr. Danach begann auch Gustava, nach Rungstedlund zu kommen, eine Beziehung begann sich zwischen ihm und der Baronesse zu entwickeln, und da wir sehr unterschiedliche Charaktere waren, so unterschiedlich, daß man nicht einmal sagen konnte, wir wären gegensätzlich, wurde diese Beziehung von Grund auf verschieden von meiner. Er besaß eine große Intuition, die vielleicht in einer vorurteilsfreien, fast selbstlosen Neugier gründete und in einem völlig entspannten, wohltemperierten Zynismus resultierte, der im drolligsten Verhältnis zu seiner großen Jugend stand. Er besaß eine Art besonders entwickelten, geistigen Geruchssinn, kam er irgendwo herein, konnte man sehen, wie er förmlich Witterung aufnahm – als ob er unwillkürlich und sorgfältig die Emanationen jedes Satzfetzens, jeder Habseligkeit, jedes Dinges im Raum registrierte. Wie eine Katze wußte er sofort mit seinem ganzen Wesen, ob er sich dort wohl oder unwohl fühlte, wußte, wie es den anderen ging, und fühlte er sich wohl, scheute er keine Mühe: denen, die mit ihm zusammen waren, sollte es ebenso ergehen. Er besaß nicht die Selbstfixiertheit und Selbstvergessenheit des Jünglings, sondern war darüber hinaus, sah darauf herab wie auf unbegreifliche Ausschweifungen, deren Ausgang er längst kannte. »Er ist nie ein junger

Mann gewesen«, sagte Tania Blixen, nachdem sie ihn kennengelernt hatte, »das hat er übersprungen.« Schließlich kleidete und benahm er sich mit gravitätisch-peinlicher Eitelkeit, in einem Stil, der mit sonst überhaupt nichts in Zusammenhang zu bringen war. Jedenfalls nicht für mich. Tania Blixen besaß dafür einen humorvollen Sinn und ihre eigene Erklärung, wußte sozusagen Bescheid, wie aus folgendem Brief hervorgeht, den ich erhielt, während ich in Bonn war:

Ich hatte ein paarmal Besuch von ihrem Freund Jørgen Gustava Brandt – – – es war angenehm, mit ihm zu reden. Clara und ich sind uns einig, daß er einer dieser Schaufensterpuppen ähnelt, die beim Herrenausstatter stehen, und stellen uns vor, daß er sich, wenn er zur Nacht hier weggeht, direkt zum English House begibt, dort steht, wenn das Geschäft aufmacht, denken uns ihn in den verschiedenen Posen, wenn das Geschäftspersonal ihn neu einkleidet – immer mit demselben gesammelten, scharf-stieren Blick. Für mich ist es interessant, mit ihm zusammen zu sein, weil er so wohlunterrichtet in der alten dänischen Literatur ist – er hat einen kleinen Essay geschrieben »Zwei Geschwister«, in dem er Goldschmidt und mich vergleicht, und er glaubt auch – aufgrund einer gewissen amateurhaften Haltung zur Literatur –, Ähnlichkeiten zwischen mir und Wessel zu finden.

Tania Blixen nannte ihn seitdem gern English House. Zu der Zeit, als er ihr begegnete, arbeitete sie an einer ihrer Schicksalsanekdoten, »Die unsterbliche Geschichte«, und als sie ihn schrittweise näher kennenlernte, bekam sie gerade in ihm eine Art Modell für den Schreiber in dieser Geschichte, und sowohl der Schreiber als auch Jørgen Gustava Brandt erhielten damit den Namen Elishama. Ich glaube, was Tania Blixen an ihm vor allem anzog, war eine Art Ursprünglichkeit, an die man normalerweise in Verbindung mit dem Wort nicht denkt, die auch recht ungewöhnlich ist, nämlich intellektuelle Ursprünglichkeit. Es klingt wie ein Widerspruch in sich, weil man unwillkürlich Ursprünglichkeit mit Gefühl verbindet, aber es gibt sie also, und es ist speziell dieser Charakterzug, der dem Modell und der Figur in der »Unsterblichen Geschichte« gemeinsam ist. Das hat wohl dazu beigetragen, die Beziehung zwischen ihm und Tania Blixen weit weniger kompliziert zu machen, ausgeglichener als unsere. Da er sie gerade kennenlernte, als die Beziehung zwischen uns immer gespannter und schwieriger wurde, während und nach meinem Bonn-Aufenthalt, war, glaube ich, der Umgang mit ihm eine große Erholung für sie. Auch dadurch, daß er sich ganz und gar nicht imponieren ließ, zuweilen frech, ja, in gewissem Sinne, wie es über den Schreiber in der »Unsterblichen Geschichte« steht, hemmungslos war: »Siehst du nicht, sie ist eine Lebedame aus den Zwanzigern«, lachte Gustava einmal begeistert-vertraulich. Jetzt, wo er es sagte, konnte ich gut sehen, was er meinte, wenn sie einen Glockenhut trug, bloße Arme hatte und besonders exotisch und nach Dame aussah. Sonst aber, ach nein. Für mich war und blieb sie Pellegrina.

Während ich mich immer hoffnungsloser in meine Lage verstrickte, mich aus demselben Grund isolierte, immer unzugänglicher für Ermunterung und Verzauberung wurde, brauchte Pellegrina unzweifelhaft dringend die Zerstreuung und Erholung, das Vergnügen, die sie mit Gustava eben bekam. Das hatte Mitte September anscheinend einen Höhepunkt erreicht, denn da erhielt ich eine Postkarte von ihm mit folgendem Wortlaut:

Kürzlich sprachen wir in Rungstedlund über Lachen und Weinen. Es endete damit, daß wir einige Beschlüsse faßten – die Baronesse hatte eine gute Idee. Wir wollen nun zusammen den Zirkus »Gustava« gründen. Ich soll der Clown sein, und die Baronesse will an der Kasse sitzen. Sie will mir auch dabei helfen, komische Monologe zu schreiben. Wir werden so bald wie möglich Premiere in Bonn haben. Vielleicht will Adenauer unser Schutzpatron werden. Wenn es an der Zeit ist, sich Eintrittskarten zu sichern, geben wir Euch Signal. Heil!
Gustava

Bis heute verstehe ich eigentlich nicht richtig, wofür die Karte gut sein oder welchen Sinn sie haben sollte. Jørgen Gustava gehörte zu denen, denen gegenüber Tania Blixen unser Vertrauen mißbraucht hatte, in welchem Ausmaß, konnte ich ja nicht wissen, aber über das Ausmaß des Hohnes, der hier dem bitteren Schaden hinzugefügt wurde, ist er sich sicher nicht im klaren gewesen. Er hätte die Karte dann wohl kaum geschrieben. Nein, jemand hatte ihm die Hand geführt, eine wohlbekannte

Hand, daran zweifelte ich nicht: War es nicht, als ob unsere Liebe von olympischen Orchesterplätzen herab betrachtet würde, ein unbeholfenes Hirtenpaar, auf das ein Spottgelächter herniederprasselte? War es nicht auch ein Racheakt für die Kränkungen, die ich ihr unbewußt beziehungsweise unvermeidlich zugefügt hatte? Jedenfalls schrieb ich ihr:

Ich habe viel gefehlt, aber das habe ich nicht verdient. Das ist in meinen Augen die kleinliche, von Ihnen verabscheute Dämonie – – –

Mir scheint, es ist das Zeichen dafür, daß wir uns nicht mehr sehen sollten. Sie verstehen mich nicht. Ich verstehe Sie nicht. Warum einander noch mehr weh tun und aufschieben, was anscheinend nicht abzuwenden ist?

Wieso wir uns dennoch wieder trafen, begreife ich nicht und erinnere mich nicht daran, nur daß sie jede Verantwortung für die Karte von sich wies. Ich glaubte es nicht, ließ es aber dahingestellt sein, da sie auf diese Weise ihre Verhöhnung wenigstens zurücknahm. Das zeigte sie nun, indem sie wider Erwarten die Fortgegangene und mich unterstützte. Uns all die Zustimmung versprach, an die ich vorher geglaubt, mit der ich gerechnet hatte, Hoffnung weckte. »Vergessen Sie niemals«, sagte Sie, »Sie müssen hoffen gegen Hoffnung und glauben gegen Glauben.« Bei anderen Gelegenheiten fragte sie wieder und wieder: »Aber gibt es denn gar nichts, womit ich Ihnen helfen kann? Überhaupt nichts?« Da ich die Sache für verloren hielt, verneinte ich. »Aber kann ich Ihnen denn nicht mit etwas anderem helfen?« Ich war etwas durcheinander, dankte für ihre Bereitschaft und antwortete, daß ich wirklich keine Hilfe benötigte, daß mir schien, es ginge ausgezeichnet so, wie es ging, daß es nichts gab, worüber ich klagen könnte. Das war sowohl wahr als auch unwahr. Es lag eine Befreiung darin, daß ein Entschluß getroffen, realisiert worden war, ein Kurs eingeschlagen, aber auch eine Verzweiflung, da es nach dem, was geschehen war, fast über meine Kräfte ging, meine Ehe fortzuführen. Dennoch machte ich mir keine Illusionen: es wäre auch über die Kräfte gegangen zu gehen. Tania Blixen durchschaute das und sagte verbittert: »Nein, Sie wollen sich nicht helfen lassen. Sie sind eine titanische Natur, die sich weder von den überirdischen Mächten noch von mir helfen lassen will. Nichts wollen Sie den Göttern überlassen, Sie wollen sie keine Entscheidungen treffen lassen und nichts von ihnen geschenkt bekommen. Sie wollen nichts annehmen, Sie wollen einfach trotzen.« Dann nannte sie mich einen Atlas, mit dem Verweis auf das Gedicht »Haus der Kindheit«, dessen einer Abschnitt die Figur des Atlas zur zentralen Metapher hat, in dem es um titanisches Rasen und Verzweiflung geht, rezitierte düster und scherzhaft folgende Zeilen aus einem Gedicht von Heine, das ich nicht kannte, »Ich unglückselger Atlas«:

Du wolltest glücklich sein, unendlich glücklich
Oder unendlich elend, stolzes Herz,
Und jetzo bist du elend.

Das traf mich wirklich. Zum ersten Mal, schien mir, verstand ich Heine – obwohl ich nicht unter zwanzig oder über vierzig war. Was man sein müsse, um ihn zu verstehen, hatte mir Tania Blixen einmal gesagt, als ich ihr erklärte, ich mache mir nichts aus Heine. Ich sagte, es sei genausogut wie ein Gedicht von Goethe, und sie wußte, höher konnte ich ein Gedicht nicht schätzen. Ansonsten aber hatte ich nichts hinzuzufügen. Es war sehr viel Richtiges an der Diagnose, und es war ihr klar, daß sie ins Schwarze traf. Später wurde zu ihrer ständigen Anschuldigung, daß ich auf der Seite des Übermenschlichen stünde, des Hartnäckigen und Trotzigen, nichts wissen wolle von Grazie, Spiel und Gnade – la grâce de Dieu –, während sie zum Göttlichen stünde, das in diesem Element schwebt oder schwimmt. Sie sagte: »Könnten Sie nicht, wie ich, auf der Seite der Götter sein? Eines Tages würden diese dann vielleicht auf Ihrer Seite sein, Sie tragen und leiten.«

Ein anderes Mal, als ich sie besuchte – es war im Kaminzimmer, und während sie sprach, ging sie rastlos und niedergeschlagen hin und her –, sagte sie: »Sie sind besser als ich, das ist es. Der Unterschied zwischen uns ist, daß Sie eine unsterbliche Seele haben, und die habe ich nicht. Das ist wie mit den Meerjungfrauen oder Nixen, die haben auch keine. Sie leben länger als die mit der unsterblichen Seele, aber wenn sie sterben, dann verschwinden sie auch vollkommen und spurlos. Aber wer kann die Menschen mehr unterhalten, erfreuen und bezaubern als die Nixe, wenn sie spielt und verzaubert. Wenn sie die Menschen dazu bringt, wilder zu tanzen und heißer zu lieben als sonst. Und sieh da«, sagte sie zum Schluß, während sie auf ein bißchen Regenwasser zeigte, das durch die undichten Fenster gedrungen war, »dann verschwindet sie, und alles, was von ihr übrigbleibt, ist eine nasse Spur auf dem Fußboden.«

Diese dritte Periode nach dem Bruch war wie ein sehr langer Schwanengesang oder wie eines von Beethovens unendlichen Finalen. Da von Tania Blixens Seite nichts mehr richtig in mein Leben eingriff, bekamen unsere Gespräche immer mehr den Charakter von Wiederholungen und sind chronologisch schwerer festzumachen, mit Ausnahme ganz vereinzelter, die durch abgrundtiefe Verbitterung oder halkyonische Verklärung herausragen. In letzterem Fall konnte ich mich, wie von einer gewaltigen Welle ergriffen, wieder in dem verlorenen Paradies befinden, unter dem alten Zauber. Wieder saß ich dann im grünen Zimmer am festlich gedeckten Tisch, leerte meine Flasche Rotwein und mein Schnapsschwein mit Cognac und überließ mich vollkommen dem Zusammensein. Alles war wie früher, ausgenommen, daß Tania Blixen jetzt immer ein langes Kleid trug, auffallend festlich-schöne Kleidung. Kurz nach einem solchen sehr gelungenen Besuch bekam ich am 21. November 1952 eine neue Einladung:

Lieber Magister
ich war sehr froh darüber, Sie kürzlich gesehen zu haben. Könnten Sie mir nun auch die Freude machen, in der nächsten Woche Donnerstag oder Freitag zum Abendessen zu kommen? Clara ist in Kopenhagen, ich

bin also allein und könnte ein bißchen Unterhaltung gebrauchen.

Sagen Sie mir, ob Sie über Nacht bleiben wollen. Sonst würde ich für den Nachhauseweg einen Wagen besorgen. Ich habe ein Alter erreicht, in dem ich meine Gäste nicht gern an die Zeit gebunden sehe.

Ich sagte zu, und daß ich am liebsten übernachten wolle. Als ich kam und in das grüne Zimmer trat, erhob sie sich, ging auf mich zu, umarmte mich und sagte mit ungewohnter, unterdrückter Bewegung in der Stimme: »Sei mir gegrüßt, sei mir geküßt«, eine Begrüßung, die sie schon früher gebraucht hatte, wenn sie sich besonders freute, mich zu sehen, zum Beispiel in Paris, niemals aber mit solcher Innigkeit. Es waren die Anfangszeilen aus Schuberts und Rückerts herrlichem Lied, das ich zum ersten Mal bei ihr auf dem alten Grammophon gehört hatte. Es wurde ein wunderschöner Abend, und spät. Es war, als ob unser Kummer uralt wäre, mein jüngster so alt und verwunden wie ihr ältester, als ob sie unter dem Druck ungeheurer Zeitmassen namen- und konturlos geworden wären, sich nun vermischen ließen wie Öl und die festliche Flamme des Augenblicks nährten. Ich wurde sehr betrunken, bekam sowohl Weißwein als auch Rotwein vor dem Cognacfinale, und wir schwankten beide zwischen grüblerischem Tiefsinn und ausgelassener Fröhlichkeit. Es war mir vollkommen und höchst gleichgültig, was geschehen war und möglicherweise geschehen würde. Plötzlich stand sie vom Tisch auf und ging langsam, ohne ein Wort aus dem Zimmer. Kurz darauf kam sie mit einem Revolver in der Hand zurück, stellte sich so, daß ihre eine Hand auf der hohen Lehne ihres Stuhls ruhte, hob die andere mit dem Revolver und zielte lange und unbeweglich auf mich. Ich war kein bißchen erstaunt, nichts vermochte mein vollkommenes Glück zu stören. Ich dachte: Es gibt keine Lösung, glücklicher kannst du niemals werden, also warum nicht jetzt beziehungsweise lieber jetzt als später. Sie sah mich unverwandt an, und ich sie, in einer Art gegenseitigen, wahnsinnigen Verstehens. Dann ließ sie den Arm langsam sinken und ging wieder zur Tür hinaus. Kurz darauf kam sie zurück, setzte sich und fing zu reden an, als wäre nichts geschehen. Wir machten weiter, bis es sehr spät war, und als ich ins Bett ging, legte sie Tschaikowskys Andante cantabile auf, während ich in einem unwahrscheinlichen Rausch lag, in seliger Verdopplung sozusagen über mir schwebte und zuhörte. Ich erinnere mich an nichts von dem, worüber wir an dem Abend sprachen, nur an ihren Willkommensgruß, jene eine magische Armbewegung und die Musik, und wir kamen mit keinem Wort jemals darauf zurück.

Nicht sehr lange danach, einige Zeit vor Weihnachten, schickte Tania Blixen ein paar künstliche Früchte und »Babettes Gastmahl«, das endlich erschienen war, nach Sletten. Ich antwortete mit jenem Brief über das Weihnachtsfest im Schoße der Familie, über den sie »Idiot« geschrieben hat.

Die Trilogie vom »Mantel«

Um mir klar zu werden über das, was geschehen war, brauchte ich eine äußere Einsamkeit, die meiner inneren entsprach. Ich fand sie in meinem Sommerhaus in Kandestederne, einem kleinen dickwandigen Zementhaus, das auf einer Düne am Meer mehrere Kilometer entfernt von allen Menschen lag, in einer grandiosen, öden Dünenlandschaft, einer für dänische Verhältnisse wilden Natur und einer der wenigen Gegenden im Land, an denen es sie auch heute noch gibt. Wie die Dinge standen, war das ein Ort nach meinem Herzen und das erste Mal, daß ich wirklich Sinn dafür hatte. Da also richtete ich mich nun ein, wohnte ganz allein dort die drei Frühlings- und drei Herbstmonate der folgenden Jahre. Las und schrieb und streifte in der Umgebung und an der Nordsee umher. In den Sommerferien, wenn meine Familie heraufkam, blieb ich in der Regel zu Hause in Sletten, um ungestört zu arbeiten, fast nur unterbrochen durch Besuche in der Glyptothek, wo ich vor dem Todesgott Anubis Andacht hielt, der großen, schwarzen, unvergleichlichen Statue in der ägyptischen Abteilung. Sie war für mich geladen mit Kraft und das einzige Wesen, mit dem ich in meinem Allerinnersten Kontakt hatte – obwohl ich mich weiterhin unter Menschen gut oder vielleicht aus eben diesem Grund oft mit einer enorm gleichmütigen Freiheit unterhielt. In diesem ganzen Jahr 1953, dem dritten nach Abschluß des Paktes, sahen Tania Blixen und ich uns sehr wenig. Ich glaube, wir hatten beide genug damit zu tun, das Geschehene zu verarbeiten, und arbeiteten beide mit ganzer Kraft. Sie an Erzählungen zu ihrem geplanten Roman »Albondocani« und der vierzehn Jahre verspäteten »Lagerfeuerrede«, ich an Doktorarbeit und Poesie, einer Kantate für die Universität von Aarhus und Hölderlin-Übersetzungen. Die erste Version der Kantate hatte ich Tania Blixen bei einem Frühjahrsbesuch in Rungstedlund vorgelesen und ihr danach wunschgemäß zugeschickt, und in einem Brief vom 9. Mai schrieb sie eine ausgezeichnete, recht ausführliche Kritik mit Einwänden, die ich in der endgültigen Fassung fast vollständig berücksichtigt habe. Sie war wohl, und zu Recht, enttäuscht von verschiedenen sprachlichen Pfuschereien und Spuren von Überanstrengung (ich wollte partout eine Auftragsarbeit, für die ich von Milieu und Erlebniswelt her gute Voraussetzungen mitbrachte, zu echter, persönlicher Poesie machen), dennoch schreibt sie am Schluß:

Eine Linie, wie ein Verlangen, ein großer Einsatz geht durch die verschiedenen Movements der Kantate – – Wenn ich in Gedanken das Wort »klassisch« mit Ihrer Kantate verbinde, dann weil sie für mich edle, ehrliche Integrity besitzt. In gewissem Sinne fand ich es seltsam, sie zu lesen, denn sie hat Verbindung mit beziehungsweise beinhaltet etwas, das mich in letzter Zeit selbst beschäftigt hat – eine Art Philosophie, zu der ich in meinem 3003. Lebensjahr gelangt bin, die für mich selbst sehr viel klärt, selbst wenn es mir nie gelingen sollte, sie anderen Menschen klar darzulegen.

Doch waren es weniger meine eigenen Arbeiten, mit denen ich sie in jenem Jahr erfreute, sondern meine Hölderlin-Übersetzungen. Durch ihre ungeheure Komplexität waren meine eigenen Erlebnisse zu einer Art Tabu für mich geworden, solange ich so nah an ihnen dran war, und konnten deshalb nicht in Poesie umgesetzt werden. Statt dessen griff ich zu Hölderlin, in dessen unglücklicher Liebesbeziehung ich Ähnlichkeiten fand, verschaffte mir durch die Nachdichtung von »Abschied« und »Menons Klagen um Diotima« Luft für den eigenen Kummer, der immer noch wie eine düstere Wolke über mir lag. Sie wurden mit anderen Hölderlin-Übersetzungen (abgesehen von zwei kleineren Gedichten war er hierzulande bis dahin nicht übersetzt worden) in der Septembernummer 1953 von »Heretica« veröffentlicht. Am 4. Oktober schrieb mir Tania Blixen:

Ich möchte Ihnen gern schreiben und mich für Ihre Hölderlin-Übersetzungen in »Heretica« bedanken. Ich bekam »Heretica« gestern bei Tage Skou-Hansen.

Ich finde keine Worte, die tauglich wären, um Ihnen zu sagen, wie die Gedichte mich ergriffen und bewegt haben, so gewaltig mit Schmerz und großer Freude, ein Bogen strich über alle Saiten in mir hin. Es war der Wellenschlag aus alter Zeit. »Quel bonheur, quel bonheur.« Ich habe nicht geschlafen, aber es war eine herrliche Nacht. Es klingt noch so stark um mich, darum schreibe ich (in großer Eile, da ich Gäste zum Lunch erwarte).

Es war, als ob Tania Blixen die Liebesgeschichte nun tatsächlich mit anderen Augen sähe, ihre eifersüchtige Verdammung zurückgenommen hätte. Nicht, daß sie sie ohne weiteres verleugnete, aber sie wandelte sie ab, objektivierte sie und hoffte für uns. Die Ereignisse, das, was geschehen war und möglicherweise hätte geschehen können, variierte sie in einer Erzähltrilogie, die sie mir im gleichen Herbst zu lesen gab, den drei Kapiteln aus dem Roman »Albondocani« »Der Mantel«, »Nächtliche Wanderung« und »Von verborgenen Gedanken und vom Himmel«. Das Entscheidende ist natürlich, bei wieviel Grad Phantasie eine Wirklichkeit und deren Personen verarbeitet werden. Tania Blixen geht bis an den Schmelzpunkt, und somit werden sie hier zu übernatürlicher Größe und Fremdartigkeit hochprojiziert, zu archetypischem Gebrauch – ganz anders als in der Erzählung »Widerhall«, in der eher eine Verkleinerung stattfindet. Schon der Name des alternden Bildhauers in »Der Mantel«, Leonidas Allori, verweist auf ihre poetische Identität mit ihm: eine überhöhte Verkörperung oder Offenbarung ihres Animus, Hinweis auf ihr seelisches Wappentier, den Löwen – genau wie der Name der Sängerin in der Erzählung »Die Träumer«, Pellegrina Leoni. »Der Löwe von den Bergen«, wie er genannt wird, steht gleich am Anfang der Erzählung als ihr Notenschlüssel. Dessen Lieblingsschüler und Jünger – und auf eine Art betrachtete mich Tania Blixen als solchen, was auch aus der Erzählung »Echo«, der Fortsetzung von »Die Träumer« hervorgeht – verliebt sich nun in die junge Ehefrau des Meisters, und nachdem sie vergebens dagegen angekämpft hat, verspricht sie ihm ihre völlige Hingabe. Sie planen ein Treffen, während sie draußen in den Bergen wohnt, der alte Meister eingesperrt wird und im Gefängnis auf sein Todesurteil wartet. Aber der Alte ist es, der zur Verabredung kommt, in dem vom Jünger geborgten Mantel, während jener in der Nacht vor der auf den Tagesanbruch festgesetzten Hinrichtung des Meisters als Geisel in der Zelle bleibt. Durch diese romantische, zeitlich und räumlich entrückte Handlung fanden ihre Überlegungen zu den Ereignissen und zum Wesen der Eifersucht gleichzeitig labyrinthisch experimentierenden und leidenschaftlich unmittelbaren Ausdruck. Es ist wie ein Feuer, das von Figur zu Figur überspringt, selbst unveränderlich, aber auf unterschiedliche Weise verzehrend: in dem Jungen roh und elementar, mit rot schwelenden Flammen, durch deren flimmernde Hitze er die Umarmung der beiden in der letzten Nacht sieht, heimgesucht von Mordgedanken, Reue und Scham. Den Alten dagegen verzehrt eine feine, klare Glut, eine unendliche Sublimierung findet statt, kulminiert in einem unergründlichen Einssein von Rache für die Liebe des jungen Schülers zu seiner jungen Frau, die geplante Untreue mit ihr, und Vergebung aus einem überhöhten Vatergefühl, äußerster Einsicht und Akzeptierung verklärter Liebe.

Auch die nächste Erzählung »Nächtliche Wanderung« hat, obwohl genauso phantastisch fern von den realen Begebenheiten wie die vorhergehende, von ihnen ihr Wasserzeichen, ihre verweisende Signatur und ihr Thema. Ihr Thema war die absolute Schlaflosigkeit, die mich tatsächlich damals heimsuchte, mit der Tania Blixen wohlvertraut war, und eine geniale Deutung der psychischen Ursachen mit folgendem Auftakt: »Würden die Leute, die selbst mit Schlaflosigkeit zu tun haben, einem glauben, wenn man ihnen erzählt, daß diese Heimsuchung von Anfang an die eigene Entscheidung des Heimgesuchten ist?« Dies geschah also dem treulosen Jünger nach dem Tod seines Meisters, und da er nun nur mit Wachen und Wachenden zusammen sein will, wäre es natürlich, mit den anderen Schülern des Toten zusammen zu sein, »aber die wollte er auf keinen Fall aufsuchen, denn sie würden über Allori sprechen und ihn umringen als den Auserwählten, auf dem zuletzt die Augen des Meisters geruht hatten«. »›Jawohl‹, dachte er und lachte, ›als ob ich Elisa wäre, der Jünger des großen Propheten Elias, über den der zum Himmel Auffahrende vom Feuerwagen aus seinen Mantel warf.‹« Das ist die Signatur, der Bezug auf den Pakt, den Tania Blixen mit Worten aus derselben Bibelstelle zwischen uns schloß – damit ich es keinesfalls übersah. Und die Person, zu der Schlaflosigkeit und Nachtwandeln den Schlaflosen auf Weisung der Wahrsagerin hinführen – ist der Archetypus der Treulosen und Verräter: Judas.

Die dritte Erzählung der Trilogie »Von verborgenen Gedanken und vom Himmel« ist ein langsam voranschreitendes, geistreiches Nachspiel, ein unerwartetes Happy-Ending. Das erstrebte Glück hat sich eingestellt, die Liebenden sind vereint, ohne daß mit einem Wort näher darüber berichtet wird, wie, und leben ein paradiesisches, abgeklärtes Familienleben mit Kindern und Ansehen. Unter diesen von Grund auf veränderten, glücklichen Umständen bekommt er nun Besuch von dem Philosophen und Marionettendirektor Pizzuti, dem er begegnet war und dem er sich anvertraute, kurz nachdem er beschlossen hatte, nicht mehr zu schlafen. Thema der Erzählung ist keine richtige »Handlung«, sondern das Gespräch der beiden über das, was seit ihrer damaligen Begegnung geschehen ist – die Zweifel des Ehemannes, inwieweit Leonidas tatsächlich von seinem Verrat wußte –, und darüber, was ihnen noch widerfahren wird, nach dem Tod – also von verborgenen Gedanken und vom Himmel.

Mit einer urmütterlichen Geste, charakteristisch für ihre generöse und eifersüchtige, großartige und leidenschaftliche Natur, gab Tania Blixen mir die Erzählungen zu lesen und zu verstehen, daß ich die letzte in der Trilogie nicht allein als fiktives Nachspiel zu den beiden anderen auffassen solle – sondern auch als Wahrsagung und damit als die magisch verstärkte Hoffnung auf etwas, das schließlich vielleicht auch meine Geschichte werden könne. Was sie sich als meine Geschichte wünsche. Denn ich glaube, daß sie mit einem Teil ihres Herzens, dem Stärksten in ihr, wünschte, sie solle in Verklärung und Heiterkeit enden.

Abschied

Am Abend vor dem Dreikönigsfest 1954 war ich wieder zum Abendessen in Rungstedlund, wie gewöhnlich war niemand anderes da, Tania Blixen trug kein langes Kleid, sondern das Pierrotkostüm, war heiter-spöttisch. In der Zwischenzeit habe sie, erzählte sie, meine Geliebte in Jütland besucht, die vor kurzem nach Dänemark zurückgekommen war, aber sie sei fast nur stumm gewesen, habe kaum geantwortet und danach Besuch abgewiesen und geschrieben, sie wünsche in Frieden gelassen zu werden. Dieser Abend nun glich am ehesten einem grausamen Satyrspiel. Tania Blixen war wieder umgeschwenkt, sie machte sich darüber lustig, daß meine Geliebte, die ich weiterhin nicht sah, und ich aus unserer Beziehung nichts werden ließen. Das wundere sie aber nicht, so wie wir nun einmal seien. »Sie mit Ihrem dummen Trotz, mit Ihrer Feigheit, der Sie nicht wagen, Blut zu mischen, einfach deshalb, weil Sie kein Blut sehen können, und sie, ja sehen Sie denn nicht, daß ihre Seele nicht größer ist als eine Erbse?« Ich war furchtbar erregt, aber so überrumpelt, daß ich vollkommen gelähmt war. Sie redete weiter, kam nun mit so ungeheuerlichen Witzen über uns, über alles und alle, daß ich ganz wider Willen lachen mußte, mich mitreißen ließ in einen Wirbel wilder, lustiger, schrecklicher Ironie, niemand schien normal, niemand kam ungeschoren davon. Es war der vollkommene Nihilismus, beziehungsweise eine Teufelsmesse, und irgendwie befreite es auch etwas Zurückgedrängtes in mir, so daß ich, statt zu protestieren, schließlich mitmachte. Ich erinnere mich nur an sehr wenig, was absolut nicht wert ist wiederholt zu werden.

Plötzlich wurde sie ernst und sagte: »Aber immer bin ich es gewesen, die an Sie gedacht hat – was ich für Sie tun könnte und wie es Ihnen geht. Jetzt aber legen Sie die Hand aufs Herz und antworten Sie: Haben Sie an etwas anderes gedacht als an Ihr eigenes Unglück? Haben Sie je wirklich an mich gedacht, wie es mir geht und was Sie für mich hätten tun können?« Was sollte man dazu sagen? Es wäre lächerlich gewesen, mit Ja zu antworten und vorzurechnen, wie; und komisch, zu antworten nein, das habe ich tatsächlich nicht, oder, das habe ich ehrlich gesagt vergessen. Und, Hand aufs Herz, war ja auch etwas dran an ihrer Anklage: wenn man unglücklich ist, denkt man hauptsächlich an sich selbst. Also sagte ich gar nichts, und das war auch gar nicht nötig, denn jetzt bekam ich die Leviten mit einer Intensität gelesen, daß es einer Verdammung gleichkam. Tania Blixen hatte wirklich Talent im Verdammen. Was bedeutet es, was geschieht, wenn man dem ausgesetzt ist? Soweit ich erkennen kann, jedenfalls rein psychologisch: daß der Verflucher alles bekanntermaßen Zweifelhafte in einem hervorzieht, alles Schlechte, Niedrige, Erbärmliche, es zur Hauptsache macht und alles Positive in einem bagatellisiert und zurückdrängt und suggeriert, daß man voll und ganz dieser aufgewirbelte Bodensatz, diese Vogelscheuche ist. Die endgültige, bis dahin unterdrückte, absolute Wahrheit über einen selbst. All dies auf eine Art vorgebracht, daß man bis ins innerste Mark davon überzeugt ist, als sähe man sich in einem unbestechlichen Spiegel. Danach ist man zerschmettert. Worauf Tania Blixen meine Reste mit unsagbar zärtlicher Gebärde zusammenfegte und mich zu Bett brachte.

Es war das letzte Mal, daß ich Tania Blixen in Rungstedlund besuchte. In den folgenden Tagen hatte ich einen schweren seelischen Kater, vor allem wegen der diabolisch-ironischen, galgenhumorigen Ausschweifungen, die, wie ich empfand, eine zerstörerische, erniedrigende Wirkung hatten, nicht zum wenigsten, wenn sie wie hier eine chemische Verbindung mit der totalen Reduzierung der eigenen Person durch die Verdammung eingingen. Einen verheerenden Moment lang empfand ich es, als wäre ich, unwissentlich, aber gewiß nicht unschuldig, ihrer alten Aufforderung gefolgt, den Hexenbesen mit ihr zu besteigen.

Tania Blixen hatte mich an diesem Abend soweit gebracht, alles zu verleugnen, auch meine Liebe. Nach und nach wurde mir klar, daß sie einer Erfüllung der Beziehung zwischen mir und meiner Geliebten ebenso wie der Möglichkeit, sie tragisch zu empfinden, entgegengearbeitet, sie sabotiert hatte – konsequent und in wechselnden Masken undurchschaubar. Ich glaube, sie wehrte sich zutiefst dagegen, daß die Beziehung irgendeine Form von Gültigkeit erreichte, und an diesem Punkt wurde der entscheidende Streit zwischen uns ausgetragen. Darum wurde mit moralischer Empörung Erfüllung geleugnet und mit Lächerlichmachen Tragik, darum forderte sie Tragik, wenn ich Erfüllung suchte, und Erfüllung, wenn ich Tragik akzeptierte – und in beiden Fällen konnte sie behaupten, daß wir die Gesetze der Geschichte mißachteten, der Geschichte, in die wir eingebettet waren. Unsere Geschichte durfte nicht existieren, ja nicht einmal *existiert haben*. Der mich betreffende Traum, der Traum von einer Schlangenbeschwörerin, bedeutete, ich sollte jemanden finden, bei dem ich fleischliche und sinnliche Erfüllung fand, nicht aber seelische und geistige. Das sollte nur mit einer geschehen können: mit ihr, mit der mich der Pakt verband.

Jetzt wurde mir bewußt, daß nicht nur der Pakt aufhören mußte, sondern auch eine menschliche Freundschaft. Wir waren zu weit gegangen, als daß letztere noch möglich war. Nach Wochen rückwärts gerichteten Nachdenkens schrieb ich einen langen Brief, den ich allerdings nicht zu Ende brachte und nicht abschickte, weil ich mittlerweile aus Erfahrung wußte, daß er wahrscheinlich nur wieder Anlaß zu neuen Gesprächen sein würde. Darum beschloß ich, mich ohne ein Wort oder eine Erklärung einfach zu entziehen, mir Ausreden einfallen zu lassen, gleichgültig, wie durchschaubar sie wären (da war ich bei ihr in eine gute Schule gegangen), und wegzubleiben. Anfang und Ende des erwähnten Briefs lauten:

Dieser Brief hat mir lange am Herzen gelegen. Ich will versuchen zu antworten, diesmal ausgehend von der Gültigkeit meiner eigenen Bedingungen, und nicht von Ihren und von Rungstedlunds Zauber, die mich, seit geschehen ist, was geschah, immer über das hinausführen, wozu ich stehen kann. Denn es gibt zwei Arten von

Verführung, die selige, die mit meinem Willen geschieht, und die unselige, die gegen meinen Willen. Und zu letzterer ist es gekommen.

– – –

Von der Welt des »Reiters«, von der ich Ihrer Meinung nach unrettbar infiziert bin, können wir ja nicht willkürlich abstrahieren – –

Warum haben Sie nicht die Konsequenzen aus Ihrer eigenen Einstellung und dem, was Sie offenbar wissen, gezogen und es vermieden, mit Menschen zu verkehren, die Sie im Grunde so tief verachten? Das hätte uns viele bittere Komplikationen erspart. Sie sind auf meine Welt eingegangen, obwohl Sie es nicht mußten – und gleichzeitig hat Ihnen vorgeschwebt, mit mir zu verkehren, als sei ich ein Seliger, ein Verstorbener, ohne Verzweigungen hinaus zu andern Menschen, ohne Wurzeln in der Welt meiner Zeit.

Meine Ausflüchte und Entschuldigungen erbitterten sie jedoch genauso wie meine offenen Absagen, es endete wie erwünscht: sie erklärte, mich nicht mehr in Rungstedlund sehen zu wollen. Da sie mich aber trotzdem sehen wollte, einesteils aber ihre Ausweisung nicht zurücknehmen konnte, anderenteils vielleicht glaubte, ich würde es nicht über mich bringen, es ihr abzuschlagen, wenn sie mir entgegenkam, zitierte sie mich einmal an die Nivaa: »Denn das ist ein sehr passender Ort für Sie, die Nixe zu treffen«, und ein andermal auf die Ewaldhöhe, wohin ich außen herum, von der Straße kommen sollte, denn sie wünschte offenbar nicht, daß man im Haus von dem Treffen erfuhr. Ich ging also von der Straße über die Felder zur Anhöhe. Dort saß sie auf der Bank und wartete mit Pasop auf mich, es war Nachmittag und Sonnenschein und sehr still.

Tania Blixen begrüßte mich freundlich, bat mich, mich zu setzen, und mir wurde warm und froh, sie an diesem vertrauten Ort zu sehen, wo wir so oft gesessen hatten. Sie fragte nach mir und meiner Geliebten, aber als sie im Verlauf des Gesprächs damit anfing, wie traurig es ausgegangen wäre, und sagte, sie hätte uns immer nur das Beste gewünscht und uns von Anfang an unterstützt, sie verstünde meinen Groll nicht, empörte ich mich und erhob Einspruch, obwohl ich es am liebsten gelassen hätte. Was ich auch tat, schien mir, war verkehrt und dazu angetan, mir ein schlechtes Gewissen einzuhandeln, aber ich entschied mich, den Protest nicht herunterzuschlucken, da er früher oder später doch heraus mußte. Darüber war nun sie genauso aufgebracht und sagte: »Ja, aber sind Sie denn so voller Neid und Groll und Rachedurst, daß wir niemals weiterkommen?« Ja, antwortete ich, nichts wäre mir lieber, aber ich könnte einfach nicht, wenn sie selbst die Sache wieder aufrollte und die Tatsachen verdrehte, so daß ich sie überhaupt nicht wiedererkennte. »Mir scheint«, sagte ich, »daß unsere Gespräche in letzter Zeit zu einem Streit darüber ausgeartet sind, wer zu bestimmen hat, was passiert ist, und wenn ich nachgebe, werden Sie nicht die geringste Freude daran haben, zukünftig mit mir zusammen zu sein, und ich kann nicht nur ›for pleasure‹ kommen, wie Sie ausdrücklich wünschen.« Das war ein Zitat aus Shelleys »Song« (»Rarely, rarely comest thou«), das sie oft benutzt hatte, um zu unterstreichen, daß ich nur aus eigenem Antrieb kommen sollte, zu meiner eigenen Freude, und »never for pity«, wie es auch hieß, und schließlich berief ich mich auf einen Teilnehmer unserer imaginären Symposien und sagte: »Wenn ich mich überhaupt erklären soll, kann ich es am besten mit diesem Goethe-Wort (eine kühne Verkürzung, wie ich später entdeckte, oder eine Version, die ich nicht wiederfinden kann):

Liegt dir Gestern klar und offen
kannst du Morgen wieder hoffen

und wenn Sie es Neid und Groll nennen, daß ich gern Klarheit über Gestriges haben möchte, die Klarheit für uns beide bedeutet, so steht Ihnen das frei.«

Ich war jetzt eiskalt und gleichgültig geworden, alles um mich herum verblaßte. Sie brauste auf und sagte, ich sei und bleibe eine nachtragende, kleinliche Person, die nichts verstehe und wegen einer Kleinigkeit alles zerstören wolle, genau wie nach Store Kro, und wie bitter es sei, wenn sie daran denke, wieviel sie von mir erhofft und erwartet habe. »Aber das war natürlich damals, als ich noch glaubte, Sie würden ein großer Dichter«, schloß sie mit beißendem Hohn. Das Ganze war maßlos traurig, ich machte dem ein Ende, indem ich ihr das Wort abschnitt und sagte, ebensowenig, wie sie sich mit mir befassen und sich um meine Zukunft Gedanken machen solle, solle sie über meine Vergangenheit bestimmen. »Nichts liegt mir ferner«, sagte sie und fügte offenbar unlogisch, tatsächlich aber auf einer Linie mit der ihr eigenen, souveränen Logik hinzu: »Damals, als ich Ihnen begegnete, wußte ich ja nicht einmal, daß Sie verheiratet sind.« Das hatte sie früher schon gesagt, und was sollte man dazu sagen? Einen Moment dachte ich daran zu antworten, daß es wohl merkwürdig geklungen hätte, daß aber ihre Anschuldigung eigentlich verlangte, ich hätte sofort bei der ersten Begegnung gesagt: Guten Tag, meine Name ist – – –, und ich bin verheiratet, schluckte die Frechheit aber herunter. Wir waren schon längst in eine Zankerei geraten, bei der das Gespräch sich einfach im Kreis drehte und durch reflexartige Wiederholungen trivialisiert wurde. Wir mochten es beide gespürt haben, denn plötzlich schwiegen wir und trennten uns schnell, fast ohne Lebewohl zu sagen, in tiefster Verbitterung. Und wieder glaubte ich, das wäre unser letztes Treffen gewesen. Aber das Finale war länger, als ich mir vorstellen konnte, ein schmerzliches Nachspiel folgte. Obwohl ich es nicht für möglich gehalten hatte, wiederholten sich die Ereignisse nach demselben Muster, nur der Schauplatz änderte sich.

Es war im September 1954, an einem frühen Vormittag. Ich saß und arbeitete im Haus an der Nordsee, als es plötzlich hinter meinem Rücken an die Fensterscheibe klopfte. Ich drehte mich um. Draußen stand Tania Blixen und machte Zeichen. Ich eilte hinaus und öffnete die Tür. Sie gab mir die Hand und sagte: »Ja, ich bin durch ganz Jütland hier heraufgefahren, bin ganz hier herausgelaufen, nur um Ihnen guten Tag zu sagen und zu sehen, wie es Ihnen geht und wie Sie leben, und hier bin ich. Darf ich hereinkommen?« Ich war unrasiert und in blauer Maurerjacke und hatte in meiner ungläubigen Überraschung nicht reagiert. Nun bat ich sie herein, bat sie, den Mantel abzulegen und sich zu setzen. Und sie setzte sich auf die Bank am Tisch. Ich fragte sie, ob sie Tee haben wolle, und sie antwortete, das wolle sie sehr gern. Also machte ich mich daran. Als ich fertig war, saßen wir und tranken Tee, unterhielten uns wie schon so oft, allerdings an dem letzten Ort, an dem ich damit gerechnet hätte. Sie erzählte, daß sie diese Landschaft gut kenne und viel hier gewandert sei, als sie in Skagen wohnte und »Afrika, dunkel lockende Welt« schrieb, und nun hätte sie Lust gehabt zu sehen, wie es mir hier erginge, und bei mir hereinzuschauen. Sie meinte, daß es lange her sei, daß wir uns gesehen hätten, und fragte mich, ob ich denn niemals mehr nach Rungstedlund kommen wolle? »Sie brauchen jetzt nichts zu sagen, aber könnten Sie nicht einfach kommen wie zu den alten Zeiten? Dann würden wir nicht mehr über all das Traurige sprechen, sondern über etwas ganz anderes. Ich meine, wir haben so viel miteinander zu reden, und da sind verschiedene Dinge, die ich Sie gern fragen möchte, die ich Ihnen sagen will. Ich vermisse Sie, und es könnte so schön sein. Meinen Sie nicht auch?« Ich konnte in diesem Moment unmöglich etwas anderes tun als zustimmen, und dann sagte sie langsam und fröhlich-feierlich, mit einer kleinen Umdichtung von Schuberts Frühlingsglaube: »Einmal *muß* sich doch alles wenden.«

Einen Augenblick später fragte sie, woran ich arbeitete, und als ich es ihr ein wenig erklärt hatte, sagte sie, sie habe »Die Zauberer am Skratteskær« gelesen, das gerade in »Vindrosen« veröffentlicht worden war. »Ich finde, es ist ein schönes Gedicht, ein großes Gedicht, dennoch ist etwas nicht in Ordnung damit, etwas ist nicht, wie es sein soll. Ich habe mir Gedanken darüber gemacht, warum Sie nicht Øivind, während er an den Felsen gebunden steht und das Wasser um ihn herum steigt, darüber nachdenken lassen, warum das Dunkel, das er herbeizauberte, damit es über König Olav und seine Männer komme, statt dessen über ihn und seine Männer kam. Das verstehe ich nicht, darüber würde ein Erzähler ihn nachdenken lassen. Darüber würde ich ihn nachdenken lassen, ja, ich glaube, das müßte er tun. Dadurch gerät er ja ins Unglück, und wenn er nun soviel Zeit zum Nachdenken hat, ist es doch unumgänglich, daß er sich Gedanken darüber macht, warum das mit dem Dunkel so gekommen ist: warum es über ihn kam und nicht über den König. Hätten wir miteinander gesprochen, wäre das vielleicht mit im Gedicht.«

Es verblüffte mich, wie recht sie hatte, ich räumte ein, daß es nur an den beiden Stellen zum Ausdruck kommt, wo die Zauberer erzürnt über den Hohn nachdenken, dem sie ausgesetzt waren, der selbstverständlich Hohn über dieses fehlgeleitete Dunkel ist, das sie selbst blind macht. Ich stimmte ihr zu, daß es an sich ein großes Thema sei, für das ich kein Auge gehabt hätte, daß das aber vielleicht daher komme, daß es anderes gegeben habe, was für mich definitiv im Brennpunkt stand, daß es eine Aufmerksamkeit gebe, die auswählt, und ein Abgelenktsein, das ausschließt. Ich verteidigte mich ein wenig, um nicht den kürzeren zu ziehen vor Bedauern darüber, daß ich das nicht selbst erkannt oder zu wissen bekommen und benutzt hatte, denn ich fand wirklich, es war ein faszinierender Gedanke, den sie vorbrachte, empfand plötzlich einen Moment den bitteren Verlust unserer Gespräche. »Ja, in einer Erzählung würde ich wohl das Hauptgewicht darauf legen«, sagte sie, »aber das kommt sicherlich daher, daß ich Erzähler *bin*, und Sie sind Lyriker und mögen darum mehr in das Ich vertieft sein und das, was darin vorgeht, als in Begebenheiten drumherum und außerhalb davon. Darum vielleicht ist es manchmal so schwierig zwischen uns, Sie sehen weniger, was um Sie herum vorgeht, als was in Ihnen vorgeht. Aber so muß ein Lyriker wohl sein.«

Nachdem sie in »Die erste Erzählung des Kardinals«, die sie mir vor langer Zeit zu lesen gab, eine Geschichten-, eine Erzählphilosophie entwickelt hatte, hatte sie in letzter Zeit damit begonnen, mich mit der Begrenztheit und Selbstzentriertheit des Lyrikers aufzuziehen – im Gegensatz zum Erzähler, der immer mehr sieht, mehr mit einbezieht als sich selbst, eine hintergründig treffende Karikatur, bei der sozusagen alles auf die Akzentuierung der Sätze ankam, worin sie natürlich ein Meister war. Zu Beginn unserer Freundschaft brachte sie mich dazu, es als etwas Großes, Wunderbares zu empfinden, Lyriker zu sein, betonte oft, daß das lyrische Gedicht der Höhepunkt der Wortkunst sei, vielleicht sogar der Kunst überhaupt. Nach und nach wurde nun mit dem Lyriker auch seine Kunst zu etwas Zweifelhaftem abgewertet, etwas überaus Zweitrangigem, der hermetischen, egozentrischen unter den Künsten. Trotz der allgemeinen Ausrichtung ihrer Betrachtungen konnte ich nicht überhören, nicht anders als registrieren, daß der Lyriker vornehmlich ich sein mußte und daß die Veränderung in ihrer Bewertung von der enttäuschenden Bekanntschaft mit dem Lyriker in Person herrührte. Wenn sie auf den Unterschied zwischen Lyriker und Erzähler zu sprechen kam, brach – wie auch dann, wenn sie über das Titanische und das Göttliche sprach – eine unverkennbare Verbitterung durch. So auch diesmal, deutlich gegen ihren Willen, aber sie konnte es nicht unterdrücken. Und »Die Zauberer« ist sicher eine besondere Provokation gewesen, da es nun einmal um eine titanische Figur ging, konsequent gehen sollte, einen atheistischen Magier mit tiefer Naturverbundenheit, fern vom Göttlichen in jedweder Form oder Gestalt, ohne Verbindung mit Gott oder Göttern. Den Prototypen eines heftig, panisch Trotzenden, alles, was sie mir vorgeworfen hatte, war in diesem Gedicht konzentriert und gestaltet, eingebunden dazu in die Situation unserer Zeit, unserer totalen Preisgegebenheit angesichts der von ihr ausgehenden radikalen Bedrohung. Abgesehen von der hier erwähnten Kritik, habe ich niemals in Erfahrung gebracht, was sie eigentlich von dem Gedicht hielt. Hingegen war sie von dem Gedichtzyklus um Nietzsche sehr eingenommen, an dem ich zur selben Zeit arbeitete und den sie im Entwurf gehört hatte. So davon eingenommen, daß sie mich fragte, ob ich nicht einmal so etwas über sie schreiben könne. Und »Die Zauberer« und »Nietzsche« sind so weit nicht voneinander entfernt.

Während wir saßen, sprachen und Tee tranken, wechselten Sonne mit dichten Regenwolken, plötzliche vormittägliche Dunkelheit mit blendender Helle vom Meer. Als es gegen Mittag aufklarte, bat sie mich, sie zum Hotel zu begleiten und ihr ein Auto zu besorgen, denn sie sollte zum Mittagessen bei Ulla Poulsen Skou sein, die im »Tranegaarden« an der Ostküste wohnte. Wir verließen also das Haus und gingen auf den schmalen gewundenen Sandwegen hinter den Dünen am Meer entlang. Da ich voranging und ab und zu über die Schulter sprach, bemerkte ich erst im letzten Moment eine große Kreuzotter, die im kalten Sonnenlicht zischend und ohne sich zu rühren auf dem nassen Weg lag. Ehrfürchtig gingen wir um sie herum, erreichten schließlich das Hotel und erwischten Kandestedernes einziges Taxi. Ich fuhr mit zu Ulla Poulsen und verabschiedete mich dort.

Der Schock über ihr plötzliches Erscheinen hatte während des ersten Teils unseres Gesprächs in mir gesessen und sich dann langsam zu einem bitteren Gefühl von Fremdheit und Verlegenheit verfestigt, das ich nur für Augenblicke überwinden konnte. Im selben Atemzug schien mir, ich sei undankbar und ich sei einem Übergriff ausgesetzt, hatte darum weder abweisen noch empfangen können – ein erbärmliches Gefühl. Wenn sie betonte, daß sie einzig und allein meinetwegen den langen Weg gekommen sei, mußte einen das rühren, wenn das Herz immer noch nicht wie der unterste Mühlstein war, und ich konnte mich schlecht dazu verstehen zu sagen, ich wünschte, sie hätte es nicht getan. Ebensowenig konnte ich sie nach allem, was ich erwogen und beschlossen hatte, empfangen, als ob alles in bester Ordnung sei, ohne mich selbst zu verachten. Andere brächten sicherlich das eine oder andere zuwege, und es wäre auch richtiger gewesen. Mir war das nicht gegeben. Mir schien, es sei zuviel Aufhebens um meinetwillen und verpflichte mich übermäßig.

Als ich nach Hause ging, wuchs das Gefühl des Unwirklichen und Unheilschwangeren dieses Besuchs. In einer unauflöslichen Mischung aus Scherz und Ernst hatte Tania Blixen mir zuweilen damit gedroht, sie wolle, wenn sie tot sei, umgehen und nachsehen, was ich so triebe. In meiner exaltierten Verzweiflung empfand ich es als einen Vorgeschmack darauf, daß ich ihrem Macht- und Zauberkreis nie und nimmer entkäme. Daß noch »auf dem äußersten Meer« ihre Rechte mich halten, daß ich niemals wieder wie früher ich selbst sein würde: viel lieber doch schwerfällig im Denken, langsam und auf eigene Kräfte, eigene Flügel angewiesen. All dies verband sich mit dem Gedanken an die Kreuzotter, die auf dem Weg gelegen und, was sonst nicht geschah, mein innerstes Unbehagen geweckt hatte. Ich glaubte, sie würde immer irgendwo auf unserem Weg liegen. In meinem Zustand der Ratlosigkeit wirkte sie wie ein Wink, ein Zeichen. Etwas, wonach man Ausschau hält, wenn man nicht weiß, was in einem selbst vorgeht. Tania Blixen tat das ja wie kein anderer. Das zeigte sich auch in diesem Fall – später.

Als ich, nachdem ich lange am Meer entlanggegangen war, endlich nach Hause kam, legte ich mich auf die Bank und stierte untätig an die Decke. Aller Fortschritt, alle guten Ergebnisse, der Frieden, die ich durch meine lange, energische Einsamkeit mit mir selbst erlangt hatte, waren wie weggeblasen. Im Grunde fand ich es unangemessen, dumm und erstaunlich herzlos, mich gegen die großherzige, vertrauensvolle Haltung aufzulehnen, die sie mit ihrem Besuch bei mir an den Tag legte. Ich spürte, wie das süße Gefühl der Nachgiebigkeit sich meiner bemächtigte und die Spannung in mir löste, ich versetzte mich in ihre Lage, versuchte, es mit ihren Augen zu sehen, und fragte mich selbst, was das denn für eine Art von Hysterie sei, daß es mir unmöglich war, sie in aller Freundschaft zu sehen und mit ihr zu sprechen – was mich das schon koste. »Das Leben«, schrie es in mir, nichts mehr, keine Begründungen. Eine Notiz aus der Zeit zeigt meine schwankende Gefühlslage: »Aber diese dämonische Schauspielerei, die in alle Ecken und Winkel des Daseins dringt, deren Spottgelächter an heiligen Stätten ertönt, ihre Maske aber und ihren Ruhm feierlich ernst nimmt bis zum Wahnsinn, die von göttlichen Dingen mit prachtvollen Gebärden spricht, um sie dann im Pierrotkostüm mit einem Schulterzucken zu desavouieren – die von uns anderen verlangt, die Regeln der Tragödie einzuhalten, und sich selbst das Satyrspiel vorbehält – in der Maske der Tragödin und so, daß sie dennoch, dennoch – Pellegrina ist.« So wanderten Gedanken und Gefühle von Extrem zu Extrem, begannen in den nächsten Tagen, sich gegenseitig aufzulösen, bis mir aus reinem Selbsterhaltungstrieb klar wurde, daß ich mich nun endlich zusammennehmen müßte, um nicht allein mit ihr zu brechen, sondern ihr das Maß an Verletzung und Schmerz zuzufügen, das allein wirken konnte, vor dem ich gutherzig oder vielleicht feige zurückgewichen war. Ich beschloß, ihr einen Brief zu schreiben, da sich ja jetzt zeigte, daß Schweigen auch nichts half. Das war am 15. September 54.

Liebe Baronesse,
seit Ihrem Besuch habe ich weder Tag noch Nacht eine Stunde Ruhe gehabt, der Sternenhimmel und meine Arbeit haben sich vor mir verschlossen, denn ich bin falsch gewesen gegen Sie und gegen mich. Und ohne absolute Wahrhaftigkeit, fühle ich, komme ich keinen Schritt weiter. Was nützt es, wenn ich unsere Freundschaft gern wieder aufnehmen und wieder nach Rungstedlund kommen möchte, wenn die reine, mächtige Einöde um mich her mit allen Stimmen singt: nein, nein, nein. Ich habe es einen Moment lang versucht und fühle mich mit einem Schlag unfrei, in einen Zustand zurückversetzt, für den ich nicht einstehen kann, erfüllt von einem übermächtigen Schamgefühl. Ich wünschte mich von der Erdoberfläche getilgt, weil ich mich in einem solchen Maße von der Situation überraschen und verwirren ließ, daß ich nicht sofort imstande war, die einzig wahre Antwort zu geben. Einmal glaubte ich, ich würde zugrunde gehen, wenn ich Sie verlassen müßte, jetzt glaube ich, ich müßte zugrunde gehen, wenn ich zurückkäme. Es ist kein konventionelles Gewissen, das protestiert, sondern mein Daimon, der rebelliert. Ich habe aufgehört, darüber nachzudenken, was die Gründe sind, oder der Grund, ich weiß nur, wenn ich nicht auf ihn höre, bin ich weder mir noch Ihnen gegenüber aufrichtig, und mein Leben verliert

jede Ernsthaftigkeit. Und bevor dieser Brief nicht abgeschickt ist, kann ich den Kreis nicht wieder schließen, den ich um mich gezogen habe, und mich wieder meiner Arbeit zuwenden. Dort warten jetzt Entscheidungen auf mich, und ich habe nicht, wie Sie vielleicht denken, das Göttliche zugunsten des Übermenschlichen aufgegeben. Aber ich glaube daran, daß man nur aus einer vollkommenen inneren Freiheit heraus die Mittel und Wege findet, die dorthin führen – ohne eine uneingeschränkte Wahrhaftigkeit in der Erkenntnis, im Erfahren des Göttlichen ziehe ich es vor, im Menschlichen zu verbleiben und mich von meinen Wünschen nicht durcheinanderbringen zu lassen.

Niemals werde ich meine ersten Abende im grünen Zimmer vergessen, eingesponnen von Tschaikowskys gewaltigen, herbstlich-seligen Violinklängen, die noch einmal im tiefen, nachdenklichen Abschiednehmen alle Träume des Herzens erstehen ließen. Haydns kleine, taktfeste Melodie, die einen voller Süße auf die Zukunft vertrauen ließ. Damals empfand ich Geborgenheit, Schutz, Heimkehr, Abgeschirmtsein vor der Welt, Heilung von allen langwierigen Irrtümern, nicht zuletzt im Zusammensein mit einer Wissenden, einer Weisen. Eine neue Erwartung erfüllte mich, die Luft war geheimnisvoll geladen mit anspornender Forderung wie zu einem Fest, einer Schöpfung, einem Schicksal. Ich kann niemals genug dafür danken.

Sie sind ein Stück des Wegs zum Göttlichen gewesen und haben mir zum Schluß, unfreiwillig und auf furchtbarste Art, die vollkommene innere Freiheit gegeben, die nötig ist, um den Weg weiterzugehen. Nehmen Sie jetzt das Geschenk nicht zurück! Wenn, was geschehen ist, notwendig war, so ist es auch dies. Berauben Sie mich nicht der Freiheit, die ich mit solchen Schmerzen bezahlt habe, sondern geben Sie mich einmal mehr frei – sonst gebrauchen, mißbrauchen Sie das Gefäß des Göttlichen, das Sie in wunderbaren Stunden für mich gewesen sind, zum Selbstzweck. Das habe ich jetzt erkannt. Wind und Wetter haben darüber zu mir mit unwandelbaren Stimmen gesprochen: Kehre ich zurück, verliere ich meine Fähigkeit, wahrhaftig zu sein, bin ich treulos gegen mich selbst. Bleibt mein Abschied aber bestehen, fühle ich, dann erst, die Möglichkeit zu wirklicher Versöhnung voraus, und die Erinnerung an das Beste zwischen uns wird mir zurückgegeben wie ein Herbst nachdenklicher Fülle, ein ewig ernstes Frühjahr.

So will ich – weil ich muß. Erst dann kann ich Ihnen erneut danken.

Einen Tag, nachdem ich das abgeschickt hatte, bekam ich einen Brief von Tania Blixen. Unsere Briefe hatten sich gekreuzt. Ihrer wurde, soweit ich mich erinnere, auf ihren Wunsch hin vernichtet, jedenfalls ist er verschwunden, aber ich kann ihn mir doch so ungefähr ins Gedächtnis zurückrufen. Ich war sehr erleichtert, daß ich da bereits meinen Brief geschrieben und abgeschickt hatte, denn ihrer war sehr herzlich und lief auf Folgendes hinaus: Sie sei sehr froh, mich besucht zu haben und mich in meiner Umgebung zu sehen, und wäre ich etwas gastfreundlicher gewesen, wäre sie zum Essen geblieben, denn es sei eine lange, ermüdende

Reise zu mir herauf gewesen. Nun aber glaube sie, daß alles gut würde und wir uns mit Freuden wieder sehen könnten. Unsere Begegnung mit der Kreuzotter nahm sie als Zeichen, das ihre Landschaft ihr gab; eine Kupferschlange, die Schaden und Böses von uns und unserer Freundschaft abwehren würde. Am Tag darauf bekam ich wieder Nachricht von Tania Blixen: »Ihren Brief erhalten, verbrennen Sie meinen.«

Damit war es vorbei. Auch das Finale. Eine große Stille stand im Raum. Vielleicht ist es verwunderlich, daß es so schwer war. Zur Erklärung kann ich vielleicht am besten folgende Stelle aus »Afrika, dunkel lockende Welt« anführen: »Die besondere Eigenschaft von Magie ist, daß man, wenn sie einmal auf einen angewendet wurde, sich später niemals ganz von ihr freimachen kann.«

Im Jahr darauf, am 17. April 1955, lud Ole Wivel zu einer Geburtstagsfeier für Tania Blixen ein. Sie wurde siebzig, war aber krank und wünschte nicht, gefeiert zu werden. Ole Wivel aber war der Meinung, man könne es dennoch tun, indem man einige ihrer Freunde und Bewunderer versammelte, sie in ihrer Abwesenheit feierte. Da saßen wir also um Kil und Ole Wivels festlich gedeckten Tisch herum, sehr verschiedene Naturen und jeder mit seiner speziellen Beziehung zu Tania Blixen: Ole Wivel, der sie als erster kennengelernt hatte und von der uneingeschränkten Bewunderung des Jünglings zu reservierter, aber stetiger Freundschaft übergegangen war, Knud W. Jensen, der ihr verschiedentlich enthusiastisch geholfen hatte und den sie nach der

Griechenlandreise immer den »Kapitän« nannte, Bjørn Poulsen, den sie oft besucht hatte und so »ehrlich und unterhaltend« fand und der wiederum mit seiner ironischen Nüchternheit nicht begriff, daß man im Umgang mit ihr vollkommen Kopf und Herz verlieren oder Schaden an der Seele nehmen könnte, Jørgen Gustava Brandt alias Elishama, Johannes Rosendahl, der zu ihrer Freude kein Dichter war, sondern auf ihre Anregung hin am Widerstandskampf teilgenommen hatte, genau wie Tage Skou-Hansen, der letzte Redakteur von »Heretica«, der jung und grüblerisch dasaß, und Aage Henriksen, der, wider Willen fasziniert (er wollte nicht zum Kreis ihrer »jungen Freunde« gehören), seine Leidensgeschichte noch vor sich hatte. Wie besprochen, verlas nun nach dem Essen jeder einzelne einen Glückwunsch an sie. Später am Abend hörten wir sie im Radio sprechen, von wo sie einen Gruß an alle ihre treuen Hörer sandte. Danach las sie »Der Mantel«. Ich hatte für diese Gelegenheit ein Gedicht, ein Sonett, geschrieben, da ich wußte, daß Tania Blixen diese Gedichtform besonders liebte, und schickte es ihr auch zu.

Die Arbeit, auf deren Fertigstellung ich mich so stark konzentrierte, war die Gedichtsammlung »Anubis«, die in diesem Herbst herauskam. Zu der Zeit hielt ich mich in Uppsala auf, arbeitete in der Karolinabibliothek weiter an meiner Doktorarbeit. Dieses Jahr fügte weiteren Verlust, weiteren Abschied zum Abschied von Tania Blixen hinzu: Martin A. Hansen, dem ich in enger Freundschaft verbunden war, starb im Sommer nach schweren Leiden, und meine Geliebte verlobte sich in jenem Herbst mit einem anderen, den sie später auch heiratete. Es war wie eine tiefe Stille, in der ich fast immer allein war, las, mir Notizen machte und ab und zu ein Kirchenkonzert hörte. Eine letzte, verborgene Hoffnung war, als ich von der Verlobung hörte, zermalmt worden, jetzt war ich auch davon befreit. Ich wohnte in einem Zimmer am Stadtrand. »Der Mond scheint durch die dünnen Vorhänge ganz wie in Bonn«, dachte ich an jenem Abend. Dann lag auch dies hinter mir.

»Anubis« hatte ich mit folgender Widmung an Tania Blixen geschickt:

Nimm meinen Gruß, und nimm mein Buch
entgegen –
hier war es, wo mein Daimon, in tiefem Dialog
zum ersten Mal seine Sprache von Menschenlippen
hörte.

Das war ein Vertrautsein, das nur der Traum gab
und die Arbeitslampe, wenn das Haus schwieg,
sonst nur geübt mit Sternen und Meer.

War gegenseitiges Unrecht vielleicht die Bezahlung –
wieder erinnere, wieder sehe ich,
hab Dank für mein größtes Glück und Weh!

Eines Abends, als ich spät nach Hause kam und die Tür zu meinem Zimmer öffnete, schlug mir starker Rosenduft entgegen. Als ich Licht machte, stand da ein riesiger Strauß roter Rosen, den meine Wirtin ausgepackt und in die größte Vase der Wohnung gestellt hatte, mit einem Gruß und einem Dankeschön von Tania Blixen. In derselben Nacht träumte ich ganz lebendig von ihr, so wie zu unserer besten Zeit, aber mitten im Traum ertönte das heftige, schußartige Dröhnen reißenden, berstenden Eises wie vom Meer. Ich wachte auf, lag lange da und grübelte im Dunkeln, dachte an die Bretagne – ein Abschied der Seelen. Es war November in Uppsala, November in meinem Leben. Ein Lebensabschnitt, phantastisch und tief einschneidend, war endgültig abgeschlossen.

»Widerhall«

Hier endet die Geschichte von Tania Blixen und mir. Im Herbst 1957 kamen die »Letzten Erzählungen« heraus, und in »Widerhall« hat sie niedergeschrieben, was sie darüber dachte. Es heißt, es sei bei Interessierten und in literarischen Kreisen allgemein bekannt gewesen, daß die Erzählung von der Begegnung zwischen Tania Blixen und mir handelte, daß folglich Emanuele eine Schilderung meiner Person ist. Ich war allerdings mit anderem viel zu beschäftigt, um mitzubekommen, daß es geradezu als eine Art »Cause célèbre« aufgefaßt wurde, wie Parmenia Migel in »Titania«, ihrem Buch über Tania Blixen, schreibt. Aber Tania Blixen selbst war sehr daran gelegen, daß diejenigen, die von unserer engen Beziehung wußten, auch erführen, daß »Widerhall« die Beschreibung dieser Beziehung war. Daß sie darüber hinaus wünschte, es solle in die Literaturgeschichte eingehen, geht aus folgender Passage in Robert Langbaums Studie über das Werk Tania Blixens hervor:

Mit »Widerhall« erfahren wir, wie Tania Blixen Leben zu Kunst macht, denn die Geschichte basiert – es war ihr wichtig, daß ich das erfuhr – auf einem Ereignis in ihrem Leben. Nach dem, was sie mir erzählte, interessierte sie sich um 1950 für einen jungen dänischen Dichter aus dem Kreis, der »Heretica« herausgab, eine literarische Zeitschrift, die ihr Wohlwollen besaß. Dieser junge Dichter wurde ihr Protegé und Freund und kam für längere Zeiträume zum Arbeiten nach Rungstedlund. Aber aus Angst davor, sie könne zuviel Einfluß auf ihn gewinnen, wandte der junge Mann sich mit einer Plötzlichkeit und Heftigkeit gegen sie, die sie erschütterte. Der Bruch zwischen ihnen, der 1954 stattfand, ist das Erlebnis, das hinter »Widerhall« steht.

Hier fehlt nur der Name, aber der ist dann, natürlich in diesem Zusammenhang, mit detaillierter Beschreibung der Begebenheiten in Parmenia Migels Buch über Tania Blixen genannt worden. Diese meint überdies, »daß von dem einen oder anderen zukünftigen Literaturanalytiker wohl noch ein langes Kapitel über die Macht geschrieben wird, die Tania über ihn hatte und deren Folgen für beide«. Das habe ich nun getan, so gut ich konnte, und was an Objektivität fehlen mag, wird vielleicht durch Wissen aus erster Hand aufgewogen. Und wenn Tania Blixen so geflissentlich auf den konkreten Hintergrund der Erzählung hinwies, ist es allein schon aus diesem Grund nicht unangebracht, daß auch der andere Part seine Darstellung vorbringt. Dennoch habe ich noch einen anderen Grund – davon zum Schluß. Ohne Frans Lassons nachhaltige Ermunterung allerdings, seine ausdauernde Energie und seinen unverzagten Willen, meinen Widerstand gegen das Vorhaben zu überwinden, wäre trotz allem wohl kaum etwas daraus geworden.

»Widerhall« also ist Tania Blixens definitive Antwort an mich und in sehr konzentrierter Form tatsächlich

Chiffre für das, was uns geschah. Man könnte hinzufügen: mit falschen Prämissen, aber mit der richtigen Schlußfolgerung, denn meine folgenschwere Liebesgeschichte ist hier nur angedeutet und ohne irgendeinen Einfluß auf den Gang der Ereignisse.

Wie in der Trilogie »Der Mantel« sind die Begebenheiten nach Italien verlegt. Ist aber »Der Mantel« wildwüchsige, imaginierte Variation auf ein Thema, die Wirklichkeit nur ein Akkord, ist »Widerhall« beinahe eine Art Schlüsselgeschichte. Eine entscheidende Replik aus dem Mund des Jungen während der Auseinandersetzung zwischen Pellegrina und ihm ist fast wörtlich aus meinem letzten Brief an Tania Blixen: »Einmal glaubte ich, ich müsse sterben, wenn ich dich verließe. Jetzt weiß ich, daß ich sterben müßte, käme ich zurück zu dir.« Die Fortsetzung im Brief lautete: »Es ist kein konventionelles Gewissen, das revoltiert, sondern mein Daimon, der rebelliert.«

In »Widerhall« hielt sie sich an ersteres und ignorierte letzteres. (Daimon hier wie in der Widmung in der griechischen Bedeutung verstanden als eine ratgebende, wegweisende innere Stimme.)

Außer der Briefstelle gibt es in »Widerhall« verschiedene versteckte Zitate aus unseren Zusammenkünften, von »Denk daran – – – daß es die harten Dinge sind, die klingen« und der Charakteristik des Lachens bis »Du liebes Kind, komm her zu mir« aus dem Erlkönig in der Bedeutung, mit der sie mich aufgezogen hatte. Lauter Hinweise darauf, daß die Geschichte eine Antwort an mich ist, zusammengefaßt in dem, was Pellegrina zuallerletzt am Wassertrog sitzend denkt, wo sie die Blutspuren nach ihrer Auseinandersetzung abgewaschen und weggewischt hat. Der Auftakt zu dieser schmerzlich-schönen Ausgangsreplik, über alle Mißverständnisse und Mißgriffe hinweg an mich gerichtet, lautet: »Oh, du mein Kind, lieber Bruder und Geliebter. Sei nicht unglücklich und habe keine Furcht. Alles ist vorbei zwischen uns, und ich kann dir nicht länger Gutes tun, und schon gar nicht will ich dir Böses tun. – –«

»Widerhall« ist in vieler Hinsicht eine sehr schöne Erzählung, besonders gefällt mir der Anfang mit Pellegrinas Ankunft in dem stillen, kühlen Gebirgsherbst, ein wunderschöner Auftakt zu einem schroffen Höhepunkt und einer traurig mißtönenden Dissonanz, die keine Versöhnung auflöst oder aufhebt. Dazu war die Enttäuschung zu groß – im Leben –, schlägt sich ohne Verkürzung, ohne Verwandlung direkt in der Erzählung nieder. Alles andere darin, von den Zitaten abgesehen, ist umgeschrieben und verändert, die Enttäuschung aber sitzt traumatisch und unverwandelt fest: Die Welt und ich sollen sie erkennen, ihre Bitterkeit und Unermeßlichkeit.

Es war Tania Blixen sehr darum zu tun, unsere Beziehung primär auf der Ebene der Kunst zu lokalisieren und mich dort als Schüler, obwohl sie mich von Anfang an lehren wollte zu leben, durch Reisen und Liebe, ohne ans Dichten zu denken oder darauf abzuzielen. Über meine Kunst, das lyrische Handwerk, habe ich so gut wie nichts von ihr gelernt, erst spät versuchte sie das, beispielsweise mit der Kantate, viel hingegen über das Leben, was mir selbstverständlich für die Dichtung starke Impulse gab. Obwohl sie selten weise handelte, war es doch gerade ihre Weisheit, von der ich lernte – und ihrer Torheit, die, wenn sie sich ohne Skrupel ihrer Weisheit bediente, ebenfalls größer war als bei den meisten anderen. Aber in »Widerhall« geht es von Anfang an um die Kunst. Um sich einem maximal isolierten, unverfälschten Talent gegenüber verhalten zu können, hat sie Geschlecht und Stimme getrennt, wie es eben bei dem Kastraten und dem Chorknaben der Fall ist, und damit auch Menschsein und Talent, um sich dann ein Menschsein zu erträumen, das wunderbarerweise mit dem Talent identisch ist. So erst kann die Enttäuschung über diese Unbekannte X, die menschlichen Eigenschaften Emanueles, überraschend und übermäßig werden. Die Enttäuschung über seine Feigheit und Dünnhäutigkeit, physisch wie geistig. Ersteres hat sie mir allerdings nie vorgeworfen, letzteres dagegen in reichlichem Maße, und das eine ist wohl, abgesehen von dem mir wohlbekannten ironischen Aspekt, eine anschauliche Chiffre für das andere, genau wie vieles Weitere in der Erzählung. Ich wollte nicht genug, nicht richtig mit ihr spielen.

Die Enttäuschung war real genug. Warum aber war sie derart gewaltig? Ich glaube, wenn Unvorhergesehenes eintraf, wenn Leben, das sie nicht kannte, dessen Verlauf sie nicht vorausberechnen konnte, sie ergriff, sie bewegte – ein Bruch der Gesetze der Geschichte, der wieder und wieder Thema ihrer Erzählungen war –, dann erhob sich in ihr der Schmerz über den Verlust Afrikas, der Farm und Denys Finch-Hattons, und mit ihm eine Forderung oder Erwartung, die so groß und heftig war, daß sie enttäuscht werden mußte, daß sie fast wie unter Zwang und dennoch willentlich, mit heimlich entsetzter Wollust, den Verlust wiederholen mußte. Denn wenn sie kein Glück mehr erlangen konnte, so konnte sie doch, mit Goethes Worten, im Schmerz das Glück wiedererleben, wiederholen.

Schließlich war Tania Blixen beinah konstitutionell für Enttäuschung disponiert. »Die Erscheinungen des Lebens waren ihr nicht groß genug. Sie waren ihrer Seele nicht ebenbürtig«, heißt es über Pellegrina. Zweifellos war die wiederholte Enttäuschung in ihrem Dasein der Preis für ihre enorme, souveräne Phantasie, wenn sie sich nicht nur innerhalb der Kunst entfaltete und darin Erkenntnis und Struktur, Bewegung und Form schuf, sondern aus ihr heraustrat und etwas vom Leben direkt begehrte. Der Weg von der Erkenntnis zum Wunsch wurde so, wenn etwas die Erfüllung des Wunsches verhinderte oder die Erscheinungen des Lebens ihm nicht ebenbürtig waren, der Weg der Leidenschaft und Hexerei, der magisch angewandten Erkenntnis, während der Weg vom Wunsch zur Einsicht, der gerade entgegengesetzte, zum Weg der Weisheit wurde. Der erste endete in der Sackgasse mit Mißgeschick, Unglück – und Enttäuschung. Der zweite in der Erzählung.

Nein, ich hatte keine irdische Chance, der Anforderung gerecht zu werden, die Erwartung zu erfüllen, die ich, wie Tania Blixen nicht verhehlte, in ihr hervorgerufen hatte und die mich natürlich fesselte – gleichzeitig war ich von ihr selbst elementar gefesselt – eine Art selbstverstärkender Doppelverzauberung. Ich hätte ein Übermensch oder ein Kind der Götter sein müssen, ein

Geist oder eine Reinkarnation, um sie nicht zu enttäuschen. Oder, um in der Figurenkonstellation von »Widerhall« zu bleiben: eine Wunderstimme ohne Körper, oder am besten, am begehrenswertesten: ein Körper und eine Seele ohne Vorgeschichte und, wie es bei der großen Liebe der Fall ist, wiedergeboren allein durch die Begegnung mit ihr – um mit diesem Augenblick meine Geschichte zu beginnen. Ich sollte meine Vorgeschichte vergessen, mich existentiell von ihr frei machen, dazu war ich jung genug, sie dagegen ihre behalten, die fern genug war, daß sie nicht störte, und reich, exotisch und abenteuerlich genug, um unserer Beziehung eine unschätzbare Dimension hinzuzufügen: die Geschichte, aus der sie ihre Identität wiedergewann, aus der sie mich fördern und belehren konnte, unablässig wechselnd zwischen mütterlicher, schwesterlicher und erotischer Liebe: die Kinderlose wünschte sich einen Erben, die Einsame einen Geliebten. Das ist das Große und Schöne, was, von dämonischen Scherzen und verächtlichen Ausfällen abgesehen, die Erzählung dennoch durchdringt, der bleibende Eindruck, den sie bei mir zum Abschied hinterlassen hat. Eine schöpferische Generosität, durch deren vollen Einsatz es ihr gelungen ist, die letzten Groll- und Rachegefühle zu überwinden. Ich *war* wohl auch nicht stark genug, aber ausgehend von dem, was ich war, tat ich, was zu tun das Mögliche und Rechte für mich war, und würde es auch heute nicht verleugnen. Ihre Selbsterkenntnis, ihr überhöhtes Ziel und ihren grundlegenden Irrtum hat Tania Blixen in jenen Zeilen aus »Widerhall« zum Ausdruck gebracht, in denen sie Pellegrina an Emanueles Gespür für Musik und an die Musikalität seines Wesens denken läßt:

Sie konnte in ihrem Innern nicht mit Gewißheit wissen, ob sehr viel mehr vorhanden war, auch mit sich selbst nicht abmachen, ob sie überhaupt wünschte, es solle viel mehr da sein. Sie hatte seine Stimme gehört, bevor sie seine Geschichte kannte, vom ersten Moment an waren beide eins für sie, und seine Sängerlaufbahn seine Berufung.

Ein mächtigerer Schöpfungsimpuls, eine produktivere Verführung sind mir in meinem Leben nicht begegnet.

Die Mondfrau

Im eigentlichen, tieferen und harten Dialog zwischen Tania Blixen und mir, über den sie mit ihrem Willen zur Legendenbildung, der zuweilen in Mythomanie umschlug, trotz allem nicht bestimmte, nicht verfügte, ging es um die Identitätsproblematik, um die Frage: Wer bin ich? – Tania Blixen war der Meinung, daß man die Antwort durch das Sich-Einordnen in die Geschichte erfuhr, Geschichte als Erzählung verstanden, dadurch, daß man in vollkommen handelndem Gehorsam seine Rolle darin akzeptierte – ich dagegen: durch unser Verhältnis zum Kosmos, dadurch, daß wir uns mit einer vollkommen kontemplativen Offenheit darin einordnen lassen. Diese Grundansicht habe ich im »Raben« zum Ausdruck gebracht, dessen ersten Gesang ich Tania Blixen bereits in der ersten Phase unserer Freundschaft vorgelesen und gegeben hatte. Er handelt von dem heftigen Aufbruch zu einer Suche nach Identität in kosmischen Zusammenhängen. Die Frage Wer bin ich? wird darin mit der ganzen Energie der Verzweiflung vorgetragen. Sie sprach nie mit mir über das Gedicht, aber in »Die erste Erzählung des Kardinals« gab sie Antwort, ließ sie mich wissen, daß es ihre Antwort war, ihre stärkste Replik in unserem grundsätzlichen Dialog, die Antwort der Geschichtenerzählerin. Aber sie gab sie in Beziehung zu etwas anderem, nämlich dem Roman, dem modernen Roman – und nicht in Beziehung zum Universum, genau wie sie in »Widerhall« ihre

Antwort in Beziehung zu konventionellem Gewissen und Hexenangst gab und nicht zu einer inneren, dämonisch-wegweisenden Stimme. Derjenigen, die im »Raben« hinführt zum Kosmos und Identitätsfindung im Verhältnis zum Kosmos. Dieser Gedanke empörte sie, aber er lag außerhalb des Umkreises, der Welt, innerhalb derer sie ihre Antwort gab, nämlich der Geschichtenerzählerin. Vielleicht meinte sie das, als sie sagte, daß sie Erzählerin sei und ich Lyriker. Was sie ganz natürlich und odiös scherzhaft für meine Grenze hielt.

»Die erste Erzählung des Kardinals« wird mit der Frage eingeleitet: »Wer sind Sie?« und endet mit der Aussage, daß unsere Identität einzig und allein von unserer Rolle, unserem Platz in einer Geschichte bestimmt wird, irgendeine andere Instanz auf Erden, die die Frage, wer wir sind, beantworten kann, gibt es nicht. »Denn auf der ganzen Welt ist allein die Geschichte berufen, des Menschenherzens tiefsten Notschrei zu beantworten, der da lautet: ›Wer bin ich?‹« Dies ist eine geniale Betrachtungsweise, solange sie der Geschichte gilt, soll aber die Geschichte zur einzigen Instanz gemacht werden, überschreitet sie ihre Gültigkeit und trifft nicht länger zu. Dehnt man zum Beispiel ihre Geltung auf das Leben aus, wird sie falsch und unheilschwanger. Das war ganz naturgemäß in Tania Blixens Dichtung angelegt – zwei ihrer Geschichten, »Der Dichter« und »Die unsterbliche Geschichte«, drehen sich, wenn auch auf unterschiedliche Weise, um das wahnwitzige Unterfangen, die Gesetze der Geschichte auf das Leben anzuwenden. Aber während der Beschäftigung mit dem Problem der Identität und des Bewußtmachens der Philosophie der Geschichte wird die Einsicht so gründlich zurückgedrängt, daß es nun klingt, als ob die Geschichte zu Recht sich definitiv in den Besitz des Lebens setzen sollte. »Am Anfang war die Geschichte. Und zuallerletzt wird es uns vergönnt sein, sie zu überschauen, zu durchschauen. Und dies ist jener Moment, den wir Tag des Gerichts nennen.«

Wenn es so weit kam, dann zweifellos, weil es schließlich für Tania Blixen gegen Ende ihres Lebens existentiell notwendig wurde, jene Frage nach der Identität zu beantworten. Im Keim gab es die Antwort bereits früh in ihrer Dichtung, eindeutig seit »Die Rache der Wahrheit«, aber erst hier und jetzt, in »Die erste Erzählung des Kardinals« erreicht sie ihre Vollendung. In der Schilderung absoluter Krisensituationen in den Erzählungen sehen wir, wie Identität – und das damit verbundene Willens- und Wunschleben – *entweder* aufgegeben wird, so daß abwechselnd Wünschen und Wollen ohne Bestand die Person durchströmen –, *oder* festgehalten wird, während das mit ihr verbundene Willens- und Wunschleben auf Dauer ausgemerzt wird, so daß die Identität sozusagen *leer* wird, eine Konvention, ein Formalismus. Ersteres sehen wir bei Pellegrina, letzteres bei Alkmene und Adelaide. Bei Pellegrina ist das Tor zwischen ihrem Ich und dem Leben ein für allemal aus den Angeln gehoben und fortgewirbelt, bei Alkmene und Adelaide ist es unwiderruflich ins Schloß gefallen. Nachdem ihr Lebensnerv getroffen wurde, will die eine nicht eine, sondern viele Rollen spielen – und die anderen überhaupt keine. Die Problematik dieser Figuren hat die Geschichten geschaffen, deren Hauptpersonen sie sind, diese Geschichten aber haben das Identitätsproblem dieser Figuren mitnichten gelöst.

Das löst erst jene Erzählphilosophie, die Tania Blixen in »Die erste Erzählung des Kardinals« entwirft und deren Geltungsbereich, wie gesagt, von dem Moment an, da sie sich ihrer bewußt wird, auf das Leben ausgedehnt wird. Das führt dazu, daß sie – in diesem Punkt sich ihrer eigenen Wünsche und deren Verschmelzung mit ihrem neuen Bewußtsein nicht bewußt – das Thema zwangsläufig in »Der Dichter« wiederaufnehmen muß: die Rollenzuweisung im Leben der Figuren durch den Justizrat, die ebenso wie die Handlungen in »Widerhall« dem entsprach, was wirklich zwischen uns geschehen war. Ihre Enttäuschung und der Hohn darüber, daß ich mich Gottes Absicht und bestimmten Ehrbegriffen nicht fügen wollte, mündeten deutlich immer mehr in Enttäuschung und Unwille darüber, daß ich nicht die Rolle in der Geschichte spielen wollte, die sie kannte, nicht ich. Von der sie glaubte, ich spielte darin mit. Ich glaubte nicht an eine solche Geschichte, wollte mich direkt zum Kosmos verhalten, wo keine Hand mich führen, mich halten sollte, um jetzt das verwendete Bibelzitat zu gebrauchen, eine Hand, die ich mehr und mehr als die des Justizrats empfand, des Marionettendirektors, ihre – und je mehr ich auf meiner Freiheit bestand, desto mehr bestand sie auf den Gesetzen der Geschichte. Von dem Moment an, wo die Beziehung in Zwang umschlug, veränderte sie sich so von einem wunderbaren, schöpferischen Lebensdialog zu einem schmerzlichen und dämonischen, intimen und quälenden Macht- und Glaubensstreit. Dem Streit darum, wo wir in letzter Instanz unsere Identität finden können, erfahren, wer wir sind: im Bezug zur Geschichte oder zum Kosmos.

Dennoch waren wir uns darüber einig, daß es eine dritte Möglichkeit gab, die tragische, wie sie in »Peter und Rosa« geschildert wird, wo die Personen in einer unlösbaren Situation und in voller Lebensentfaltung, im Einklang mit der Natur und in Übereinstimmung mit Gottes Absicht an ihrer Identität festhalten und mit ihr sterben. Das gestaltet die Geschichte, die kein Muster, kein vorgegebenes göttliches Menschenwerk ist.

Nun sprechen Tania Blixen und ich zwar über den Kosmos in derselben Bedeutung. Dennoch gibt es einen entscheidenden Unterschied. Tania Blixens Naturverständnis ist großartig und tief, ihr Zusammenleben mit der Natur intensiv und einmalig; ich kenne nichts Schöneres und Wissenderes, Unschwärmerischeres und Genaueres; aber überall ist für sie der Kosmos erlebt und veranschaulicht via Natur und Elemente, während aus meiner Sicht Natur und Elemente in den Kosmos integriert sind und durch ihn veranschaulicht werden. In dieser geringfügigen Gewichtsverlagerung liegt mehr, als man auf den ersten Blick meinen sollte. Tania Blixens Ausgangspunkt in der Natur macht ihr Verhältnis zu Gott so persönlich, so anthropomorph, daß es immer wieder in Selbstvergötterung umschlagen, zur Machtausübung mit göttlichen Insignien verführen mußte. Diesem leuchtenden Wahn gegenüber konnte man sehr wohl Ehrfurcht empfinden, es konnte einem aber davor auch grauen. Man mußte kapitulieren, sich unterwerfen – oder sich davonmachen. Daher, trotz Freunden und Verwandten, trotz Öffentlichkeit und Ruhm, ihre unmenschliche Einsamkeit. Ich glaube nicht, daß sie über Denys Finch-Hatton hinaus einen lebenden Menschen als ihr ebenbürtig anerkannt hat.

Vor genau zwanzig Jahren, kurz nach meinem endgültigen Abschied von Tania Blixen, habe ich, so wie jetzt, eine sehr nachdrückliche Aufforderung erhalten, über sie zu schreiben. Sie kam von Aage Henriksen anläßlich einer Festschrift zu ihrem siebzigsten Geburtstag. Die Aufforderung war auf eine Art formuliert und so einsichtsvoll, daß es mir schwerfiel, nein zu sagen. Der Anfang meines Antwortbriefs vom 3. Oktober 54 lautet:

Gerade in diesen Wochen ist es zum entscheidenden Bruch zwischen Tania Blixen und mir gekommen, ein Entschluß, der mich in schwere, unruhige Gedanken verfallen ließ, in innerste Zweifel und Trauer, er hat aber auch Erleichterung bewirkt, wie bei einem Menschen, der nach langer Zeit wieder die Luft der Wahrheit atmet.

Unter diesen Umständen will ich es noch strenger, noch ernsthafter als je zuvor für notwendig erachten, ein Versprechen einzuhalten, das ich Tania Blixen einmal gegeben habe: erst nach ihrem Tod über sie zu schreiben.

Dieses Versprechen habe ich auf dem Höhepunkt unserer Freundschaft gegeben, und von da an war sie in unseren besten Momenten darauf zurückgekommen, hatte es begründet: »Nein, Sie sollen über mich erst nach meinem Tod schreiben. Aber dann sollen Sie es auch tun. Sie werden dann vollkommen frei sein und sollen nicht daran denken, was ich dazu meinen würde. Wenn ich lebte, könnte ich es nicht lassen, mich einzumischen, und das will ich lieber nicht. Vielleicht könnte ich nicht ertragen, es zu lesen, vielleicht fände ich es wunderbar, aber schreiben Sie vollkommen aus dem Herzen heraus, schreiben Sie, wie Sie über Nietzsche geschrieben haben, das wünschte ich mir«, schloß sie mit dem Hinweis auf meinen Sonettzyklus über Nietzsche. Sie sagte das in ihren offenen, vertrauensvollen, frohen Stunden, in denen sie sich auf ihren ersten Wunsch bezog, ich solle vollkommen frei fühlen und handeln, so frei, als gäbe es sie gar nicht, und in denen sie zum Schluß gern sagte, mit einer kontemplativen Ruhe, als ob das Elysium etwas wäre, das sie hier und jetzt erlebte, daß nichts, was ich getan habe oder tun würde, unserer Freundschaft schaden könne.

So lief es nicht, aber nach diesen zwanzig Jahren scheint mir nun, ich habe genug Kraft, unsere Freundschaft von ihrem Ausgangspunkt und nicht von ihrem Endpunkt her zu verstehen. Ich bin dadurch in der Lage, ohne Korrekturen aus heutiger Sicht und so gut ich kann niederzuschreiben, wie es war, wie riskant und wunderbar, und was geschah. Ich habe mich bemüht, es Goethes Worten nachzutun:

Sag nur nichts halb:
Ergänzen, welche Pein!
Sag nur nichts grob:
Das Wahre spricht sich rein.

Natürlich nicht alles, denn erinnerte ich mich an *alles,* würde ich meine jetzige Identität verlieren, werden, was ich erinnerte, und wieder am Endpunkt stehen. Hätte ich aber nicht alles geschrieben, woran ich mich erinnere – was ich behalten habe –, würde es nur ein Abbild dessen sein, was ich jetzt bin.

Tania Blixen war nicht einfach eine Mondanbeterin. Sie sah das Kommen des neuen Mondes auf uralte, rituelle Weise als eine wiederkehrende Möglichkeit zur Erneuerung an. Deshalb verneigte sie sich so ehrfurchtsvoll vor ihm. Sie sah auch, ganz freimütig und buchstäblich, sich selbst als von seiner Art und seiner Macht teilhaftig an. Dies liegt außerhalb gängiger Erfahrungen in unserer Zivilisation und ist die Formel für ihr Verhältnis zur Bewegung des Kosmischen in der Natur.

»Jene Elemente, die wirklich Fühlung mit dem Mond haben, müssen sich damit abfinden, oder ihm vergeben, daß er sie mit einem so starken Rhythmus anzieht«, ließ Tania Blixen mir, wie erwähnt, sagen, als ich in der Bretagne war. Mit dem Mond meinte sie hier – sich selbst. Und was meine Erinnerung, während ich schrieb, von Tag zu Tag geschärft hat, was ich behalten will, wenn alles andere vergessen ist, ist diese ungeheure Anziehung.

Anmerkungen

Tania Blixens vollständiger dänischer Name ist Baronesse Karen Christentze Blixen-Finecke, wobei Baronesse dem deutschen Titel Baronin entspricht. In der Übersetzung wurde Baronesse beibehalten.

Die dänische Anrede in der dritten Person Singular, die Tania Blixen gegenüber benutzt wird, wurde in der Übersetzung in die dritte Person Plural verändert, da die dritte Person Singular, die Respektspersonen gegenüber in Dänemark noch in den 50er Jahren durchaus üblich war, im Deutschen veraltet klingt.

9 Bärenhaus: dänisch bjørn = Bär.

18 Johan Ludwig Heiberg, 1791-1860, Lyriker, Dramatiker und Kritiker.

20 Martin A. Hansen, 1905-1955, Autor und Essayist.

28 Hans Christian Branner, »Der Reiter«, 1949. Der Roman beschreibt die Beziehungen von vier Personen zu Hubert, einem Reitlehrer, der von einem Pferd totgetrampelt wurde. Es kann ein Unfall, aber auch Mord gewesen sein. Der Roman besteht im wesentlichen aus Gesprächen, in denen die vier sich auf unterschiedliche Weise mit der Erinnerung an ihn beschäftigen.

29 Jakob Knudsen, 1858-1917, religiöser Romancier und Essayist.

36 Morten Nielsen, 1922-1944, Lyriker, während des Zweiten Weltkrieges im Widerstand aktiv.

39 »Gott wird alles richten«: von Hans Adolph Brorson, 1694-1764, einem bedeutenden Dichter pietistischer Kirchenlieder.

41 Johannes Ewald, 1743-1781, bedeutendster dänischer Lyriker des 18. Jahrhunderts. Lebte von 1773 bis 1775 in Rungstedlund, das zu der Zeit eine Gastwirtschaft war (Rungsted Kro).

56 Sophus Claussen, 1865-1931, Lyriker. Tania Blixen nannte seine Gedichte ihre »Bibel«.

58 Pär Lagerkvist, 1891-1974, schwedischer Expressionist, Lyriker, Romancier und Dramatiker, Nobelpreis 1951.

65 Eyvind Johnson, schwedischer Schriftsteller, erhielt 1974 den Nobelpreis zusammen mit Harry Martinson.

78 Nikolaj Frederik Severin Grundtvig, 1783-1872, Bischof, Dänemarks bedeutendster Dichter von Kirchenliedern.

79 Christoffer Wilhelm Eckersberg, 1783-1853, Maler, Schüler des französischen Malers David.

98 Knud W. Jensen, geb. 1916, Essayist, Gründer von »Louisiana« (bei Kopenhagen), dem bedeutendsten dänischen Museum für moderne Kunst.

103 Paul la Cour, 1902-1956, Lyriker und Kritiker, beeinflußte die Ansichten seiner Generation von Natur und Poesie.

131 Agnes Henningsen, 1868-1962, Autorin, Frauenrechtlerin
Vilhelm Andersen, 1864-1953, Professor für Literaturgeschichte an der Universität Kopenhagen.
Hartvig Frisch, 1893-1950, Philologe, Kulturhistoriker und sozialdemokratischer Politiker.

132 Frank Jæger, 1926-1977, Romancier, Lyriker.

167 Meir Aron Goldschmidt, 1819-1887, Erzähler und Romancier.
Johan Herman Wessel, 1742-1785, dänisch-norwegischer Lyriker, Humorist und Dramatiker.

189 Das Goethe-Wort heißt vollständig:
»Liegt dir Gestern klar und offen,
Wirkst du Heute kräftig frei,
Kannst auch auf ein Morgen hoffen,
Das nicht minder glücklich sei.«
Zahme Xenien IV

202 Ich hatte für diese Gelegenheit ein Gedicht, ein Sonett, geschrieben... Es lautet, in einer Prosaübersetzung:

»Ich weiß einen Berg, verzaubert, voller Fest,
Die Wirbel eines mächtigen Herzens zogen mich hinein;
Die Erzählerin mit stolzer, rhythmischer Seele:
Wo auf der ganzen Welt war ich mehr Gast,

Wo mehr beschützt, selig gemachter Mensch,
Umsorgt, als trüge ich eine versiegelte Botschaft.
Hier strahlte das alte Übermaß –
erfüllte Tiefe, fern verlangende Passion

Vereint zu einem Bogenstrich der Macht.
Da fühlte ich einen Vorgeschmack, tief und wild,
Auf mehr als ein Leben, das Feuer des Vogels Phönix,

Und der Dichterträumer exakten Rausch;
Ein Wellenschlag von längst vergessenem
kosmischem Takt
Ging lautlos durch Ewalds altes Haus.«